平凡就好，然後慢慢變好

阿飛・文

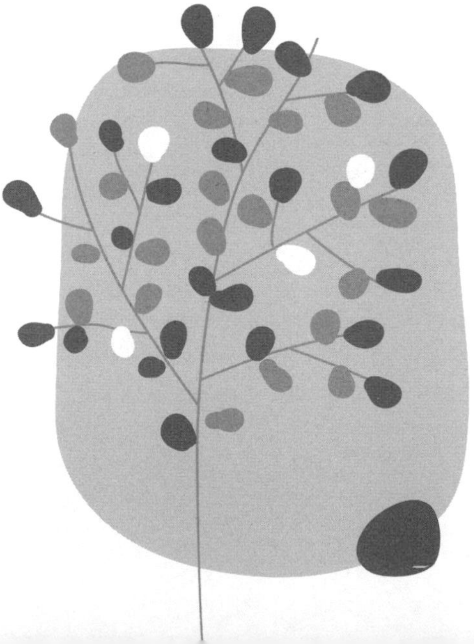

目錄

Chapter 01 沉靜的力量

Chapter 02

緩慢的衝刺

目錄

Chapter 03

羊性的溫暖

Chapter 04 挫折的功勞

目錄

Chapter 05 平凡的美好

作者序——

活出平凡卻從容的自己

世人認定的成功樣板，高高掛在那裡，許多人認真努力、苦苦追求，希望自己能成為那樣的人，卻未必能如己所願，甚至未必是己願，而是他人對自己的期待，導致焦慮、自卑，心生挫敗。但，到底什麼才是成功的模樣？什麼才該是理想的自己？

我並不是在挑戰社會的價值標準，只是想請大家一起思考成功與自我的本質，替某些被大多數人認為是不好的特質與想法平反。

當然，活潑外向很討人喜歡，積極拚命也值得讚賞，但某些被世人認為的缺點就真的不好嗎？比方說，內向的人註定是人生輸家？慢慢來就跟不上社會的腳步？希望生活過得平凡就等於不知上進？任何事物、特質或狀態本來都有著不同的面向，有缺點也有優點，讓你討厭的也有其值得欣賞的部分，努力獲得某個好處卻也可能錯過了另一個風景，我相信沒有完全好或壞的價值標準。

在學習紫微斗數的過程中，我從中慢慢體會到「命定，但運活」，這是什麼意思呢？雖然很多人在同個時間點出生，但每個人的出生背景、成長環境不同，遇到的人事物也不同，日後的發展與成就也會不同。在紫微斗數裡，雖有格局好壞之別，卻也只是代表這個人各自不同的獨特性格，及人生過程波折的多寡。

某個人的命盤格局不好，絕不代表未來沒有成就、賺不了錢，只是在人生道路上比較辛勞、困難，只要願意努力、改善自己，當機會來臨時自然會有好的表現與成果。也有些人命盤格局好，生活過於平順，以致於沒有足夠的動力與衝勁，結果遇到意外的挫折與打擊就此一蹶不振……。

許多人都說「個性決定命運」，什麼樣的人就會做什麼樣的決定，結交什麼樣的朋友，你可以說是性格問題，也可以說是命定。但，這些都是能改變的。既然明白什麼樣的心態會導致什麼樣的結果，也知道與什麼樣的人來往對自己有益，遇到什麼樣的人該避而遠之，自己就應該試著改善，而不是一味地怪罪命運，拿性格缺點來當藉口。我想多數會去找人算命的人，並不只是想了解自己的命運好壞，而是希望趨吉避凶。不過，我認為真正趨吉避凶的方法，是要改善自己的態度與缺點，行善積德，對身邊的人體貼友好，自然貴人就會靠近，當願意幫助你的人變多了，運氣也就跟著好了。

既然命運可以改變，那麼，那些被認定的成功樣板與理想生活也可以變得不同。被世人認為是缺點的特質與想法，或許也是另一方面的優點，例如內向少話、害怕犯錯、不夠狼性等，常被人視為在人生賽場上的弱點，事實上，若是能放在適當的位置，就能發揮優勢。別因他人的貶低而侷限了自己，把特質稍微轉化，透過不同的運用，反而還能成為人生的助力！

人生並不是一場考試，沒有絕對正確的答案，而是充滿了許多不同的答案。每個人都有適合自己的做法與步調，只要是你認為好的，即便與多數人不一樣，那也沒關係，你依然能活得舒服又有意義。與其庸庸碌碌追逐，不如找出自己真正的需求，安靜、穩定、溫和與徐緩並沒有不好，這些性格特質一定有值得發揮的地方，千萬不要否定自己的可能性，別被社會價值標準束縛著，放下那些先入為主的觀念，還有「非要不可」的執念，我們都有機會活出平凡卻從容的自己。

Chapter___01

沉靜的力量

不必過於勉強去做不適合自己的事，最重要的是，要了解自己能做什麼、喜歡做什麼、什麼能做得比其他人好，然後試著將它發揮到最好。

那個人或許跟你看到的不一樣

內向與外向並非一分為二的兩個世界，多數人不是屬於「完全外向」與「完全內向」，而是兼具兩邊的某一些特質。

這幾年有不少書籍與網路文章針對內向者的內心世界進行梳理與探討，因而慢慢開始扭轉了大眾對於內向者的刻板印象，讓內向者試著發掘自己的潛在能力。這也代表社會開始重視性格的差異，鼓勵大家探究自己的特質，這是很好的事情。

我自己是個內向者，喜歡安靜、不喜歡社交、不愛說話，而這些特質一直在人際關係與職場發展上被視為缺點，等到年紀漸長，經驗累積，才漸漸懂得欣賞自己的特質，並且善用這些能力。現在有很多書籍與網路資訊可以讓內向的人更早認識自己，少走一些曲折的路，摸索出一套適合自己的生活方式。

因為自己是內向者，讀完那些關於內向者的文章後，多少能感同身受，理解與認同某些觀點，同時也好奇與自己性格光譜另一側的外向者，他們的內心世界又會是如何？於是，我開始尋找一些關於外向者的研究資料與文章，仔細閱讀後，果然發現許多地方與我們的認知有所差異。

從心理學的角度解釋外向性與內向性，性格外向者的能量來源相對仰賴外在世界，例如各式各樣的社交活動、形形色色的人們、不同的場合和事物。若是長時間獨處或只與某個人共處，或是在某件事被置身事外，他們會感到不愉快。而性格內向者的特徵是他們的能量來源是從自己的內在世界獲得，透過思考與觀念獲得力量，但也容易受到外在世界的刺激影響，而產生不適感。

就普羅大眾所認知的外向者，一般看起來活潑熱情、充滿自信、喜歡熱鬧、熱衷社交。在群體中，他們通常是被注目的焦點，有良好的人際關係，經常能夠表現出領導力，因此有研究發現，外向者的平均收入高於內向者大約一至兩成左右。若要提到外向者的缺點，可能會像是強勢、自大、沒定性、粗枝大葉、膚淺、只重外在等等。

在日常生活中，我們是否曾對外向者有過一些刻板印象呢？例如，遇到活潑愛說話的人，就該期待他在社交活動上負責炒熱氣氛嗎？以為外向者的精力來源是與人接觸，所以就認定他們喜歡說話，不喜歡讓場面變得安靜、無聊。然而，並不是所有的外向者都喜歡在群體裡帶動氣氛，他們或許私下喜歡與朋友聊天，卻不愛在公眾場合出風頭。每個人獲得能量的方式有很多種，不是外向者就喜歡當主持人或是氣氛帶動者。

另外，外向者總是充滿自信的外在表現，反而讓內心受的傷比較不容易被人察覺，我們選擇看見他們的活力與熱情，卻容易忽略每個人都會出現負面情緒，譬如自卑、恐懼、焦慮。或許為了符合眾人對自己的期待與印象是正向的、是歡樂的創造者，因而習慣隱藏自己真正的感受而不被發覺。其實，任誰都有不為人知的苦澀，也有莫名感到低落脆弱的時刻，無論任何性格的人都一樣。

再者，許多人會認為外向者比較注重表面功夫、沒定性，這也是一種誤解。從心理研究發現，大部分的外向者傾向在說話時思考，更喜歡在與人交流時激發想像而非獨自思考，只是人的行為模式不同，並沒有誰比較注重表面功夫或不愛思考的問題。至於「沒定性」？事實上，外向者或許喜歡出現在各種場合，活動力很強，但他們也懂得保留時間自省、思考與處理該做的事情，並不會完全不想靜下來。

內向與外向並非一分為二的兩個世界，多數人不是屬於「完全外向」與

「完全內向」，而是兼具兩邊的某一些特質。我們在看待他人時，往往忽略了多數人同時擁有外向特質和內向特質的事實，結果把人簡單區分成外向與內向兩種光譜。內向和外向並沒有什麼絕對，任誰都會有想要熱鬧與想要安靜的時候，只是出現頻率多寡而已。

我們的內心難免會出現矛盾與衝突，要試著保持中立去看待，然後適度調整，外向者要學會享受暫停的心境，內向者要多一點勇敢前進的傻勁。

人是複雜的，所謂外向與內向，並沒有真正的孰好孰壞，而是要認識性格的特質，懂得欣賞自己的價值，學習運用心理傾向的優點，也不要被性格光譜侷限了自己。

內向和外向並沒有什麼絕對，任誰都會有想要熱鬧與想要安靜的時候，只是出現頻率多寡而已。

不愛說話，不等於是缺點

交朋友不是想要讓自己人緣變好，也不是為了不孤單，而是在他人身上找到自己該學習的部分，然後彼此分享喜悅與低潮。

似乎不少人認為熱情、樂於表達、喜歡社交是成功的特質，而將「安靜寡言」、「不喜社交」等內向特質視為缺點。

確實外向的人善於展現魅力，喜歡與人共處、合作，他們願意冒險，有社交能力，而且經常顯現出領導才能。他們在面對眾人時充滿活力，在獨處時容易感到無聊，傾向在人際交流裡獲得能量，在與他人溝通時思考、成長。反觀內向者，一般是安靜的、低調的、深思熟慮的，比較不喜歡社交活動。

而我，就是內向的人。

在獨處時感到自在，習慣獨自活動。未必是不願意與他人共處，我們也會與朋友來往，只是不喜歡長時間處在太多人的場合。身為內向者，我傾向於說話前先思考，習慣在一段時間內專心思考一件事情，若與太多人交流會難以專注而容易感到疲憊。但，內向的人不等於孤僻，多數時候都願意與他人接觸，也期待建立友誼關係，只是比外向者更注重私人空間與時間而已。

我覺得不同的個性與特質各有各自的優點，並沒有絕對的優劣，外向者常被認為比內向者更具領導才能。不過，也有相關專業研究發現，內向型領袖在某些方面甚至比外向型領袖表現更佳，尤其是近幾年愈發明顯，許多知名企業不乏低調沉穩的領導者，像是蘋果的庫克等。

不愛說話，不等於是缺點。成功的人際關係，不是外向者的專利，我認為，成功值不應以認識人數的多寡而定，認識越多人，頂多只是機會變多，但「干擾」也會隨著增加。

人際關係最重要的應該是品質，往來的人若對自己的人生與事業有助益，這樣才是真正的經營成功。內向，並不表示在人際關係上是全然的弱勢，若是有心想經營，不妨可以善用與生俱來的特質，轉化成與人交流時的優勢，就能在人生道路上助自己一臂之力。

比方說，擅長傾聽，這是內向者的特質之一。一般而言，內向者通常話少，容易被人說不擅長社交。但，與其逼自己去做不喜歡、不習慣的事，不如做自己擅長的、習慣的事，以我為例，喜歡多聽別人說什麼，讓善於表達的人多說，我就負責好好傾聽，不會急著發表自己的意見。因為不想獲得過多的注目，所以會試著將眾人的焦點轉移到希望被注意的人身上，多問他一些問題，好讓他有機會展現自己，對方一定覺得開心，也會感受到我的用心，說不定就可以從中獲得值得深交的友誼或有用的情報。

既然明白自身不擅長說話，在參加社交場合我就會提醒自己盡量放輕鬆、自然點，我知道「想話題」是件辛苦、累人的事，所以也會事前準備一些輕鬆、友好又不會侵犯隱私的問題，而這些最好是自己也能夠侃侃而談的。然後，就是試著多觀察，可以從身處的環境、對方的身上與言談中找到適合的話題與不錯的交流機會。

不必急於參與太多的社交活動與團體，對內向者來說，質比量重要，交流的數量越多，精神能量的消耗也會越多。

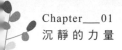

剛開始可以多參加幾個活動或社團，但接下來就比較重要了，要建立與自己有意義的連結，可以根據價值觀、想要的目標與成員的契合度來篩選出適合的。找到你認為合適、沒有壓力的社團與活動，人數的多寡並不重要，我們所追求的是少數而深入的交流，畢竟，本來也就無法應付流於表面的關係。

不急著踏出舒適圈，而是慢慢擴大舒適圈。

即使參與人數很多的場合，也不用想著要和很多人交流，而是專注一對一的關係，找到能從對方身上學習的人來建立穩定的交情，這樣才能減少消耗我們的社交能量，得到成長的動力。

身為內向者的我，比較在乎他人的內心感受，也明白在人際關係裡，每個人都有自己無形的圈圈，不是任何人都可以不打聲招呼就進去的。懂得不隨便越線，也知道保持距離。**在任何關係裡，人與人之間需要的是尊**

重，還有確認彼此的頻率是否合拍。我們也要明白，交朋友不必勉強，不是想要讓自己人緣變好，也不是為了不孤單，而是在他人身上找到自己該學習的部分，然後彼此分享喜悅與低潮。

我們不是缺朋友，而要的是真心相待的夥伴。

專注是值得發展的特質

與其費力地朝不同地方揮出好幾拳，不如聚精凝神一拳斃命。

若你有讀過我的作品《只要好好過日子》，應該記得根據我媽的說法，我從小就很乖，親友聚會時也不會跟著其他小孩一起吵鬧玩耍，都是一個人靜靜地玩著自己的玩具。但我總覺得那不叫乖，而是該擔心我會不會是自閉兒才對吧？

內向、安靜與低調，這幾個名詞一直伴隨著我長大。在成長的過程中，我發現自己有某種特質，讓我即使是獨自一人也無所謂，這對我後來的工作與學習表現都有正面的影響，那就是我對於自己喜歡做、願意做的事情可以非常專注。

不知道其他內向者是否也跟我一樣，雖然與人相處溝通不擅長，不過面對事情卻能夠全神貫注、不被分心，長時間從事一件自己有興趣的事，可以將其鑽研透徹或是讓技藝純熟，我認為這是一項值得善用與發展的個人特質。

做事能夠專注，效率自然更好。「做事有效率」是我在工作上得到主管與同事認可的一項很重要因素。想要有效率，除了懂得安排事情的優先順序，讓自己能專心處理事情也是關鍵，因為不容易被其他瑣事分心，排除無謂的干擾，更能聚精會神地思考問題的解決方案與做好眼前的工作，自然也提升了完成任務的速度。

我聽過一種說法，因為性格內向的人比外向的人對於社交行為的關注度少，所以能將更多的時間和精力投入在自己認為更值得或是該完成的事物上。倘若你也是內向的人，還不清楚自己的優點，不妨可以試著評估自己的專注度、能否長時間執行單一任務，如果你發現自己擁有這樣的特質，或許可以嘗試以下的工作，比方說研究、財務、寫作或手工藝等等，專注力有助於讓自己成為該領域的專家。

另外，我認為能專注做好一件事，也表示你有獨立作業的特質。

許多人喜歡團隊一起工作，熱愛大家聚在一起討論與分享的感覺，團隊合作也是共同成長的動力，但若要讓專案有效率達成目標，就不能忽略一個重要關鍵——分工。

每個人能把分配到手上的任務獨自完成，在較少的監督與協助下做好自己該做的事，專案就能順利進行。請試著讓自己的專注成為團隊的助力，進而轉變成別人所認可的能力。

或許你自認不如外向者那樣受人注目，不過別妄自菲薄，一定有其他值得被讚許、對團隊有貢獻的地方。如果你的專注力很強，那是很好的優點，因為我發現「專心做事」對許多人來說是很困難的。

專注是一種腦部動作，是能暫時把所有和目標無關的多餘事物隔絕在外，然後讓自己的心思持續導向目標或興趣上，因此，保持專注是十分消耗能量的，不少人無法長時間做一件事，那是因為他真的累了。而這種能力也可以透過調整心態與習慣慢慢養成。

時間管理的成功關鍵是先做最重要的工作，並用現有的專注力全力完成，排除其他所有的事情。關於提升專注力，我分享一點自己的心得給你參考：

步驟一：具體訂下明確且簡短的目標

像是做完十頁簡報、看完一本書的其中一個章節、整理好一個表格，行動前先預計何時完成。

步驟二：排除外界干擾

現在有許多工具軟體可以協助將訊息與通知暫時關掉，有效幫助我們排除干擾。

步驟三：設定放鬆時間

完成目標後，給自己一點讓腦袋放鬆的時間，像是替自己倒杯療癒身心的飲品、出去散散步，或是做一下自己喜歡的事。

可以用這樣的方式嘗試慢慢養成專注的能力與習慣。

在這步調快速的年代，很多職場要求多工，我倒認為，有辦法專注，才能真正處理好多工。我想這也是內向者在這個追求效率的環境裡安身立命的能力，與其費力地朝不同地方揮出好幾拳，不如聚精凝神一拳斃命。

有時，人是需要獨處的，在專注於一件該完成的事情時，即使只有一個人的時間也能從容自在。淡然看待周遭複雜的環境，潛心於自己該做的、想做的事，在認真與專心之間孕育出理想的成果，與其急著同時處理不同的事，不如以有邏輯的、有順序的，將每一件事逐步做好，這是讓自己的生活步調能夠簡單而不混亂的最佳方法。

安靜與熱鬧都好，只要你喜歡就好

有沒有被接受不重要，被什麼樣的人接受才重要；同樣的，有沒有被討厭也不重要，被自己喜歡的人討厭才重要。

看起來開朗歡樂的人，可能會有疲累想要逃離的時候；而那些安靜看似孤單的人，卻未必感到孤獨難受。無論是喜歡獨處，或是期望與人多交流，那只是社交傾向的差別而已，並沒有對錯，沒有優劣之分，重要的不是哪種形式比較好，而是我們有沒有了解自己適合什麼樣的形式與人交流，適合用什麼步調過日子。

有些人喜愛與他人接觸，透過與不同人的交往以獲得能量，如果他有優秀的溝通技巧，幽默開朗受人喜歡，那更是如魚得水，可以從人際關係裡得到彼此互動的樂趣，同時也能找到被人喜愛與需要的滿足感。

不要以為大家都渴望與人交流，並不是每個人都想要與社會群體有緊密的聯結，有不少人是真的可以一個人也過得自在，不需要與其他人有密切的接觸。或許對喜歡有伴相陪的人來說難以想像，不過，他們真的很享受一個人的生活，可以獨自逛街、看電影、旅遊，或是去餐廳吃飯，這對他們來說都是稀鬆平常的事，甚至是放鬆與享受的時刻。

我覺得真正難受的，是那些渴望與人交流、希望受人喜愛卻不得其門而入的人，可能是人際溝通技巧不好，或許是個性彆扭不討喜，也許是身處在不適合自己的社交環境裡，那樣的人渴望被愛、被接納卻不可得，明明獨處才是適合自己的狀態，卻擔心在群體裡落單，於是想辦法與人多交流卻又弄得自己一身是傷，陷入一種想要卻要不到、得不到又更想要的痛苦循環。

不擅長社交又想要交朋友，該怎麼辦？最好的方式就是別給自己壓力，找到最適己的步調就好。

以我為例，不急著與人拉近距離，不期待別人可以理解我的心情，我對他人的付出也不奢望可以獲得回報，當我對於與人交流不抱持過多的美好想像，自然可以看淡那些人際關係中的不順遂。

重點不在於要跟很多人交流，也不需要讓很多人喜歡自己，而是要能遇到價值觀相近、個性契合的人，與那樣的人相處才不會有壓力，才能在交流中找到樂趣、獲得能量。

即使很難遇到價值觀相近、個性契合的人也無所謂，只要與身邊的人保持友好與適當的交流，然後學習一個人也能好好生活，不適合自己的人際關係反而沉重又麻煩，不如先保持沒有相處壓力的一點距離，試著享受獨處還比較輕鬆自在。

有些人讓自己扮演其他角色，為了讓團體裡的人會喜歡他、接受他，可是卻從未展現出真實的自己，雖然從那些喜歡裡得到了一點點成就感，卻不時會感到空虛，感到自卑，甚至覺得自己可悲。有沒有被接受不重要，被什麼樣的人接受才重要；同樣的，有沒有被討厭也不重要，被自己喜歡的人討厭才重要。不要過於委屈自己去迎合他人，用討好換來的關係，是很難從中獲得安全感與自我認同的。先懂得喜歡自己、接受自己，才不會被其他人的喜惡而左右。

你想成為什麼模樣的人呢？其實任何模樣都無所謂，只要是最適合自己的就好，而且不要是為了迎合別人眼光而改變或壓抑的自己。

無論安靜與熱鬧都好，只要你真正喜歡就好，與其等待別人接受自己，不如選擇自己能夠接受的狀態。在最適己的狀態下，我們才能好好發揮，進而獲得能量與成長。

不要過於委屈自己去迎合他人，用討好換來的關係，
是很難從中獲得安全感與自我認同的。

把思考進化成規劃

至少先做到「自知之明」，明白自己的弱項與他人差距有多遠，起碼就能知道在哪些方向追著別人跑是浪費時間與精力，進而懂得轉向去探索與努力。

很多年前，職場上突然流行起「Apple簡報法」，不時在各種會議中看到有人刻意學習賈伯斯的簡報方式，甚至學他穿起黑上衣和牛仔褲。在投影片中用極少的文字與極大的圖片，盡量以圖示來說明，有些人確實說得很精彩，不過，更多人是講得不清不楚，令人聽不出重點是什麼。這只是盲目模仿，忘了自己絕不會變成另一個賈伯斯，要推廣的產品也不是iPhone，並不是任何人事物都適合用那樣的簡報方式來表現。

我們很容易忘記每個**人都是不同的個體，喜惡不同，適合與擅長的事物也不會相同**。

就像某次我跟朋友說：「林聰明的砂鍋魚頭有一點辣辣的，我覺得很香很好吃。」結果，當場被幾個朋友質疑，不是質疑砂鍋魚頭的美味，而是嘲笑我：「林聰明砂鍋魚頭的湯明明是甜的呀！」

每個人的喜惡與感受都不同，我覺得是有辣味的湯頭，對朋友來說卻是甜的，根本不辣。身邊朋友大多愛吃辣，也很能吃辣，而我則喜歡一點點辣的香、麻，能讓料理多了一些層次風味，可惜我無法吃太辣的食物，還認為吃麻辣鍋根本是一種自虐行為，但這對許多人來說，卻是一道痛快的美味。

關於喜惡與擅長事物不同，生活中有太多類似的例子。比方說有人隨手拿起手機拍照，拍出來的影像就是特別動人、有意境，比我用單眼相機認真調整拍得更美；學生時期總有同學可以平時一直玩，考試成績依然名列前茅，而我就算拚命背書也考不了那樣的成績；有人不管處在多麼沉悶的場合都有辦法活絡氣氛，在一灘死水裡創造出各式漣漪，而我就只會把氣氛弄得尷尬。

即便如此，我相信老天也不會一面倒地只把好處留給其他人，一定有某些事是自己可以做得比別人好的，只是必須要用點心思將它找出來。就算一時找不到也沒關係，至少先做到「自知之明」，明白自己的弱項與他人差距有多遠，起碼就能知道在哪些方向追著別人跑是浪費時間與精力，進而懂得轉向去探索與努力。沒人能保證什麼路是最平坦、最順遂的，但不要老是衝往崎嶇難行的路就已經是好的開始。

如果你天生內向，不喜說話，不擅社交，那就不必要求自己做到能言善道，不用勉強自己喜歡社交。既然做不到活潑開朗，也學不會侃侃而談，那就學會好好傾聽，發揮思考與規劃的能力，然後享受靜默和獨處。內向者不是沒有能力，只是不容易被看見，請適度用行動與成果來證明自己。

大多數的內向者是邏輯清楚的決策者，也是擅於解決問題的人，在做出決定前能謹慎行事並且深思熟慮，只是需要時間與空間讓自己好好思考。或許，也因為習慣安靜與孤獨，反而更能有效率地、有邏輯性地去探索問題的解決之道，不容易被人際關係影響，也比較不會被情緒左右判斷，這是一種決策優勢。我建議與其追求讓自己成為能言善道的萬人迷，不如努力進化成運籌帷幄的賽諸葛。

該如何進化自己的規劃能力？可以先從日常生活中習慣邏輯性與條列式思考。

把每天要處理的事分門別類，解決問題從想要獲得的結果開始考慮，再倒推回來需要做哪些事情、怎麼做才能得到想要的結果。接著，盡量累積知識與經驗，多閱讀，無論什麼類別的書、雜誌與網路資料都要涉獵，擁有越多知識，越能做出完善的規劃與好的決策。

要多嘗試，不要為自己設限，在能力所及的範圍，做一些別於以往的事情、認識不同專長與領域的人，這樣有助於累積自己更多判斷分析的資料庫，再從中汲取更多他人的處事智慧。

每個人都有著平凡與優秀的那一面，平凡或脆弱並不可恥，但，若是選擇逃避弱點，是無法成為一個真正成熟的大人。我們能盡量改善自己的弱點，可是別用弱小的部分與他人比較、競爭，而是要放大自己的優點，做自己擅長的事，展現出優秀的自我，而即使那個平凡一面依然存在，也不會成為明顯的弱點。

盡量做一個自己會喜歡、會認同的人，那是決定我們是否快樂的關鍵。

一直關注別人是否喜歡自己、認同自己，一直拿自己的缺點與人比較，容易招致患得患失的心情，也很難過得踏實自在。善待會善待自己的人，忽視會忽視自己的人，你就會好過一點，因為人總是求個平衡與互相。給自己一點時間，慢慢放大自己的優點，有一天會找出自己與這個世界的相處之道。

因爲不安，才能精進自己的能力

容易緊張擔心的人會為了避免出錯而防患未然，一旦有了準備，將不會坐以待斃，而是以破釜沉舟的心情完成必須做的事情。

是否你也跟我一樣，在生活中偶爾要面對一些不擅長或沒做過的事，這種時候雖然外表看起來冷靜，其實內心緊張、擔心得要命。

「沒做好就丟臉了」、「做不好怎麼辦？」、「失敗就完蛋了吧？」心中總是會湧出各種害怕失敗、擔心做不出好成績的緊張情緒。不過，緊張與擔心並非全是不好的，不必為此責怪自己膽小沒用。

緊張與擔心是可以轉化成助力的，在心理學上稱之為「察覺危機」，因為容易膽怯，也比較能預先察覺危險及時避免，也知道自己的不足，提早做好準備與因應。有研究指出，容易緊張與膽小的人通常擁有比一般人強的危機控管能力。

比方說，容易緊張擔心的人隨時保持著對危險的警覺，行事顯得小心翼翼，或許會給人不敢採取行動或猶豫不決的刻板印象，事實未必如此。容易緊張擔心的人會為了避免出錯而防患未然，一旦有了準備，將不會坐以待斃，而是以破釜沉舟的心情完成必須做的事情。

我本來是怕水、完全不會游泳的人，服義務役時卻抽到海軍，新訓中心集訓兩個月的結訓要求是至少要能游完兩百公尺，最後我不只完成了，而且還在指定時間內。教育班長的教學方式除了教導基礎的游泳方式，有時還會把不會游泳的人丟進踩不到底的泳池裡，當人身處危險時，體內會分泌腎上腺素讓體能狀態可以更強大，讓自己去適應環境、逃離危險。每次上游泳課我都身陷緊張與不安之中，致使我更快學會游泳。

有些容易緊張擔心的人，在職場上反而會有不錯的表現，因為只要想到萬一事情沒做好會造成同事的困擾，績效不如預期可能丟了工作。心裡一旦有了危機感，處理事情往往更加小心謹慎，認真看待手上的工作，表現自然會超乎自己的預期。

另外，我也讀過一項有趣的研究報導，文章中指出，容易感到緊張不安的人，記性會比一般人來得強，甚至到了過目不忘、博學多聞的地步。我們的大腦機制，為了方便快速尋找資訊，凡是與自己無關、沒有用處的，便很容易忘得一乾二淨，只留下常用、重要的資訊。然而，緊張不安的情緒則會啟動大腦功能，提醒自己記住眼前的人事物，把該認得的人、該做的事情、該守的承諾好好記住，這是為了避免發生危機與錯誤。當過學生的人都知道，若是上自己沒興趣的課時，往往無法專心，老師說的話左耳進右耳出，一旦說到：「接下來講的內容，段考時會考哦」情況就不同了，馬上集中精神，也更容易記住課程內容了。

當然，並不是所有容易緊張的人都像這篇研究報導所敘述那樣，都會有優異的表現，有些人反而是腦部運作效率降低，暫時無法運作，俗稱「當機」。

如果你是容易過度緊張而影響表現的人，在此提供兩種我自己會用來降低緊張感的方法，一是物理上的按摩，針對頭部與頸部，因為開始緊張時，全身會處於緊繃的狀態，用雙手給頭部肌肉一點和緩的刺激，從前額慢慢按壓至後頸，是可以讓緊繃的身心逐漸安穩與放鬆。二則是從「根本」調整，找出自己容易緊張不安的根源或事情，面對恐懼，信任自己，透過刻意練習，慢慢改善，這點在《工作，剛剛好就好》就有提及我是怎麼運用面對與練習來克服上台說話的恐懼。

適度的緊張擔心，大腦會更容易啟動記憶或觀察環境等功能運作。在職場上也一樣，難免有時感到緊張擔心，不過，保持一點緊張感會讓人為了消除不安而採取正確的行動，做事仔細、待人周到，反而會讓我們有很好的表現。

以後就別再責怪自己容易緊張、膽怯，而是要善用這樣的特質，將它轉化成一種動力，**如果想要持續成長，就把自己置身在適度不安的環境裡，將能學得更快、學得更好。**提醒自己可以感到不安，但不要紛亂，只要戰勝內心的不安，我們的能力也將同步獲得飛快地成長。

緊張不安的情緒則會啟動大腦功能，提醒自己記住眼前的人事物，把該認得的人、該做的事情、該守的承諾好好記住。

將話直接說出來，就有機會好轉

最好的方法，就是坦承自己的不安與不足，不只壓力得到解放，也可以從中獲得成長。

你是不是偶爾也會遇到類似的情形：顧慮自己做的事會惹人不開心，造成別人的困擾，或是正在做的事情並不是自己擅長的，擔心做出來的成果不如他人的預期。

任誰都有不擅長的地方，自己或多或少都明白，只是願意正視和面對的人卻很少，**因為要面對的，是自己的不足與懦弱，那需要極大的勇氣**。

大家都希望自己是受人喜愛的、被人尊重的，如果在別人面前示弱，會擔憂被人看不起。假使能夠全盤接受自己，包括那些糟糕的、不完美的，並且學會理解自己的感受，那麼，埋藏在內心的負擔就可以減輕許多。

不過，想要接受全部的自己，本來就是一件不容易的事，要勇敢地卸下尊嚴，是需要花費很多時間來做好心理建設的，有些人會因而變得焦躁不安，甚至讓自己繼續硬撐下去，騙自己沒問題，騙自己能夠做到。但，持續勉強下去，只會讓內心更難受，結果更難看。

不想讓人擔心，不想麻煩其他人，不想造成別人的困擾，就算察覺自己已達臨界點，明明面對的是難以前進的關卡，雖然當下有人願意伸出援手，你還是不由自主地說出：「沒問題，我可以」。有時最後真的讓你撐了過去，撐得過去是運氣好，但不是每次都有這樣的好運，反而是你的一句「沒問題」，卻造成後來的很多問題。

不想麻煩別人，是你的體貼；不想讓人擔心，是你的堅強。但，請記得，如果你選擇掩蓋自己的情緒，逃避面對眼前的問題，事情絕對無法往好的方向發展。

最好的方法，就是適時坦承自己的不安與不足，不只壓力得到解放，也可以從中獲得成長。

一定會有不少人認為知易行難，即使知道應該要坦白說出自己能力有限，應該要承認自己害怕，可是，真正要直面那些軟弱與膽怯，那種沉重的心情就像要壓垮自己。如果你很想要卸下內心的重擔，卻一直無法正視自己的內心時，或許可以嘗試看看以下這個方法，任何人都能做得到，雖然未必能完全解決問題，卻是有效減輕內心不安的好方法。

這個方法就是——「直接說出來」。

或許有不少人會感到莫名其妙，會認為：「我就是說不出口，才會有那麼沉重的壓力，怎麼有辦法說出來？」

這是需要多次練習的，遇見不安與壓力時，試著把心裡的感受直接說出來，只要稍有顧慮或遲疑往往就會卡住，讓內心的狀態在原地打轉，使得壓力越積越多。因此，為自己制定一個規則：「只要感到不安、害怕的時候，就要直接說出來」。

不要想太多，不要拖太久，遇到問題直接詢問或是求救，正視自己的不足與不安。

「謝謝你對我有信心，我一定全力以赴，可是我覺得自己在這方面經驗還不足，需要有人指點，可以找其他人協助我嗎？」

「我想做這件事，可是我很重視你的感受，如果會讓你造成困擾，請你告訴我。」

「我很想幫忙，可是我手上的事情太多，而且有一些專案需要這幾天才能完成，所以現在沒辦法幫你，等我手上的事情做完，馬上就去找你。」

就像這樣試著將感受與想法適當地表達出來，方法就是這麼簡單。如果你無法面對自己的內心，深陷不安和擔心狀態，請試著積極實踐「立刻說出來」的規則。

這個規則的好處在於不用花時間想東想西，在你開口的那個當下，就能面對自己的不安和擔憂的情緒。對於因為容易考慮太多而裹足不前的你，對於明明已經到了極限卻還在顧慮別人而硬撐著的你，我相信這會是一個很有用的方法。

沉穩內斂、不張揚，是內向者的優點，但是不善於表達往往也是容易吃虧的地方。適時讓旁人清楚你的感受與想法，或是點出眼前的問題，不僅有助於人際溝通與團隊合作，也能讓事情更有效率地推動。說出自己的難處，說出問題的核心，才能真正不造成旁人的困擾。

不必改變，調整就好

我們永遠無法成為另一個人，若是執意加上非自己的性格特質，通常不會變好，只會適得其反，徒留滿腹的辛酸與痛苦。

我們在前面談到了一些內向者的特質與能力，應該明白若是能善用這些特質將發展出不錯的優勢，不論你身處於性格光譜的哪一邊，只要找到自己喜歡做、不費力，而且努力一點就能做得很好的特質，自然就有機會將潛能好好發揮出來。

不論你是外向者或內向者，想要讓自己變得更好，其實不需做出極大的改變，只要在現有基礎略為調整即可。我們永遠無法成為另一個人，若是執意加上非自己的性格特質，通常不會變好，只會適得其反，徒留滿腹的辛酸與痛苦。

要讓自己變得更好，我覺得比較適當的做法是「調整」與「放大」。

在自己的弱項或缺點上，即使再怎麼努力，往往很難將其轉化成優勢，不如透過逐步調整，慢慢改善，讓那些弱項或缺點至少不再是你生活中的困擾。最重要的是，針對自己能力與特質上的強項或優點把它放大，因為那是自己可以做得好的部分，容易上手也比較沒有壓力。把擅長的地方更精進，將會成為你在人生賽場上的最大優勢。

比方說，有人不擅說話、反應較慢，導致在交朋友上容易有挫折感，可是他卻能敏銳察覺到別人的心情與需求，這是「共感」的優點，可以用行動來展現自己的心意與體恤，慢慢拉近與人的距離。也有人覺得靜靜坐著長時間打字、處理文件很難受，不妨可以參考前面文章中所推薦的專注法，或是喜歡講話的人可以改用語音輸入，如果是喜歡與人交流、動手做事的人，甚至該找個能讓自己到處走動的工作。

萬一你有什麼缺點是難以改善的，那也沒關係，就持續努力強化自己的優點吧。當你的優點或能力足夠強大、足夠明顯，那麼，其他小缺點自然就會被掩蓋。

不過，要改變自己絕不是輕鬆容易的事，畢竟個性特質與生俱來，已牢牢地扎根在我們身心之中，不要說要做出極大改變，光是一個細微的調整都要耗費許多時間與心力。所以，若要將優點放大，請先準備好一顆不輕易動搖的內心。

或許有人會認為自己為何要這麼辛苦？確實，依照自己的性格與特質順應環境過日子就好，不強求、不比較，這樣也能過得平靜自在；假使你並不甘於現狀，渴望變得更好，那就必須知道自己得要付出不少努力才行。日常中的一切人事物，本是要我們去面對、接受與處理，那全都是選擇，如果去面對了、接受了，也處理了，只要問心無愧，即使最後的結果不如預期，自然也能放下。

有一些困難，是想像的困難；有一種能力，叫做不斷努力。

你可以替自己每個月訂下三至五個目標，這些目標不必太難，是自己做得到的，花一點時間、力氣就能達成，只要從過程中得到一點成就感，就會有動力持續做下去，例如「背好十個單字」、「認識三個新朋友」或「讀完三本書」。先訂下具體的數字，但不用太高，讓自己持續去做，盡量去做，只要踏實地把能做到的事一樣一樣做出來，一點一點進步，信心就會油然而生。

自信是明白自己可以做到，就算一時做不到也不會一蹶不振，也知道自己將會從過程中學習成長。任誰都有缺點，也未必能完全改善，只要慢慢地累積智慧與經驗，放大我們的優點，自然那些小缺點就不會是焦點。

另外，搭配「寫日記」也是個非常有效的方法。

寫日記可以讓自己回顧一天發生的事情，把思考拉回當下，專注在自己的感受上。如果不知道要記下什麼，我建議可以寫「你最想改善的事」、「你做得最好的事」和「你最感謝的事」三件事就可以了，讓自己重新回顧事情該怎麼做得更好，稱讚自己做得很好，也要記得感謝幫忙我們變好的人。

我觀察到寫作對於內向者來說，非常適合用來整理想法與鍛鍊如何表達，如果你跟我一樣，覺得天天寫日記有壓力，也可以每周寫兩三次就好。最重要的是，透過書寫的方式，用一字一句清楚寫下自己的感受，無形中不僅會記在心裡，同時也能藉此整理自己的情緒、思緒，及思考是否可以調整日後的做法。

根據心理學家的說法，透過書寫的過程可以減少焦慮與壓力，重新設定自律神經，產生積極的影響。透過寫作，可以自我對話，分辨出什麼事會讓自己開心、滿足，什麼事做得不好或讓自己不開心，透過這樣不斷的自我反省，便能理解目前努力的方向是否正確，慢慢讓自己越來越好。

不必過於勉強去做不適合自己的事，最重要的是，要了解自己能做什麼、喜歡做什麼、什麼能做得比其他人好，然後試著將它發揮到最好。

Chapter___02

緩慢的衝刺

要走得快，先試著走得慢。生活不是一直求快，也要適時放慢，在適合自己的節奏裡前進，才能安穩到達目標。

慢慢地衝刺，靜靜地安好

假使已經明白要去哪，又何必擔心被人超越？不必著急，只要確定自己是朝著目標前進就好，總是會抵達的。

因為自己的性格與習慣使然，以前總是把工作、事務與行程排得又滿又緊湊，除了是對工作的責任感，後來想想，可能是內心深處想對外展現能力的自我滿足吧。最誇張的時期，會議、寫稿、處理工作、活動進場佈置，再到隔天專案執行，這中間我只躺在床上休息一兩個小時，這樣的狀態甚至還持續了一段時日。每次的過程宛如聽到起跑槍響，轉身衝刺，再奔赴下一個行程，幾乎沒什麼休息時間。

我也曾說服自己：「沒辦法呀，工作就是這麼多、這麼趕。」但，經過了一段時日，卻漸漸感到越忙越茫然，過去在各種完成事項能獲得滿足感，覺得自己被人需要、被人信任，到後來，雖然這些仍然存在，可是內心裡的空虛感也越來越擴散。

有次，難得的空檔，獨自在淡水渡船碼頭散步，看著周遭的人們與景色，緩緩離岸的渡船、迎面而來的徐徐海風、洋溢幸福笑容的一家人、用畫筆描繪著河岸風景的老伯伯，還有日落之前又紅又藍又紫的魔幻天色，才發現自己已經很久很久沒有好好地感受身邊的人事物了。

想起了那句讓我很有共鳴的廣告金句：「世界越快，心則慢」。

在人生的道路上，我們都在奔跑，但，是否清楚自己該奔向何處？是否思考自己為什麼要奔跑？或許是大家都在全力向前衝刺，如果不跟著衝就會脫隊、被淘汰，於是我們努力超越路上的人，也不時被人超越，使得自己越來越焦慮不安。

後來我想通了，假使已經明白要去哪，又何必擔心被人超越？不必著急，只要確定自己是朝著目標前進就好，總是會抵達的。與其盲目衝刺，不如好好欣賞沿途風光，用心體會這一路上的過程，生活不該在匆匆忙忙中流失，找到適合自己的速度，不因躁進而不堪重荷，卻也不要因為停止而虛耗光陰。

要珍惜時間，不過真正該擔心來不及的，應該是好好體會生活。把生命拉長一點來看，也把生活拉近一點來感受，與其一直專注在眼前的迫在眉梢，不如試著在自己的步調裡妥善安排。一件一件，有條不紊，一步一步，不慌不忙，替自己保留時間與空間，感受生活周遭的人事物，讓心慢下來，在倉促的現實中從容地過生活。

因為忙，更要試著讓心慢一些。慢慢地生活，並非就得遠離原本的工作與生活圈，也不是要刻意坐在舒適的咖啡店裡悠閒度過。**把心放慢像是一種自省，在發覺內心的過程中，開始認識自己，找到生命的價值，為實踐價值而努力。**該怎麼做呢？就是找出適合自己且有效率的生活節奏，懂得好好休息、好好充電。

我相信，每個人一天都要轉換許多角色，可能是部門主管，可能是家中照顧者，每種角色都有不同的任務，有些多樣卻細碎，有些簡單卻複雜，然後層層交疊而形成了慌亂。如果想要改善這樣的生活，首先要替自己規劃好行程，列出待辦事項，分出事情的輕重緩急，有規則地依序處理，在有限度的時間內專心完成該做的事，拒絕掉那些會影響正事的請求，生活自然就不會過得毫無章法，不再損耗時間。

生活，未必都要把所有時間都花在有意義的事物上，反而更應該花在看似沒意義、沒營養的興趣上，比方說，養花種草、追劇看片、散步放空。或許有些人會質疑：這些事是否太浪費寶貴的時間？可是那些不重要的事，卻對許多人來說，是種充電與放鬆，並非是純然的浪費。

在緊湊的間隙中，給自己一個深呼吸的時刻，在疲憊的一天結束後，給自己一頓美食、一部舒壓的戲劇，或是無所事事。懂得捨棄次要的事情，把時間保留給生命裡重要的人事物，陪陪家人或毛小孩、看看書、見見好友，讓自己即使在需要快步前行的時候，也能在心裡悠遊散步。

靜好，未必是要遠離塵囂、閒雲野鶴。很多事是比較出來的，在日常的兵荒馬亂、雞飛狗跳之中，能夠有個空檔喘口氣，讓自己放空發呆，暫時沒有煩人瑣事來打擾。靜靜待著真好，這就是靜好了。

慢慢地衝刺，靜靜地安好。

好好欣賞沿途風光，用心體會這一路上的過程，生活不該在匆匆忙忙中流失，找到適合自己的速度，不因躁進而不堪重荷，卻也不要因為停止而虛耗光陰。

別怕來不及，總會踏上自己該走的路

人生是由一次又一次的選擇組成，但也不必一直糾結，因為無論選了什麼，到後來都會覺得另一邊好像比較好。

自退伍踏入社會開始，在三十五歲之前，應該是最有抱負、最有衝勁的人生階段，對我而言卻是最低潮、最焦慮的時期。

在進入社會前，我對未來充滿想像，但直到真正踏上人生的賽道，才體認自己根本還沒準備好。以為自己很多事都能做，卻也什麼事都做不好；對很多事都有興趣，卻總是虎頭蛇尾。像是一頭熱地去報名課程，但沒多久就半途而廢，或是工作做不長久，總覺得哪裡不適合，不然就是並非自己真正想做的。

那種一事無成、白費光陰的感覺，讓我對自己當前的狀態焦急不已，對未來也有著未知的迷惘。

日後回想，那時會有那樣碌碌無為的狀態，怨不了任何人，也怪不得環境，完全是自己造成，但，年輕的我並不會這麼想，只覺得很多想做的事做不到或來不及做，經濟上也沒有餘裕讓自己與家人過上舒適一點的生活，顯然就是個失敗者，而我更將失敗的原因怪罪於這個社會環境的現實與無情。轉眼間，三十幾歲了，不只是怨天尤人的負面心態，因為時間感到著急的焦慮也困擾著自己。

作家李維菁寫過一段話，相當符合那時的我：「當我活得像行屍走肉時，有天我發現自己不知不覺已中年了。人家曾有過的青春揮灑，我不曾有過，而同輩努力這些年來獲得的成就與家庭，我也沒有。換句話說，人們會隨時間累積的東西，我都沒有，要叛逆，我不夠叛逆，要順從社會主流的價值，我又不夠順從積極。」

我當時處在一個想做又不做、不上又不下的糾結狀態，不夠積極，不夠努力，沒有計畫，眼高手低，想隨心所欲去做，卻也沒有膽量敢承擔後果，任由時間蹉跎而去。

直到有一次，我遇見一位眼盲肢障的街頭藝人在站前廣場賣力演唱，他的表情看起來既開心又滿足，看著他樂在其中的表演給了我很大的激勵，心想人家看不見也沒了腿都還能夠這樣努力生活，我好手好腳，也還有很多時間改變現況，何苦怨天尤人，憑什麼自暴自棄？

於是，我轉過來思考內心焦急的源頭，在迷惘的當下，與其著急下一步該怎麼走，不如先思考自己怎麼會走到現在這個處境。先了解真正的問題，才會有正確的答案。我真的失敗嗎？仔細思考後才發現自己認為的失敗都是與他人比較而來，然後設下了不切實際的高標準。時間真的被我浪費了嗎？其實，那些嘗試過的工作並沒有白費，其所衍生的經驗與過程都將成為我日後茁壯的基底與養分。

與其乾著急，不如靜心思考接下來的方向。

每個人生長環境不同，適合的成長步調也會不同，如果我的起步太順遂，說不定哪次重摔之後就一跌不起，先經過一些崎嶇不平的路，先看過各有千秋的風景，才能明白自己該踏上的旅程在何方。

人生是由一次又一次的選擇組成，但也不必一直糾結，因為無論選了什麼，到後來都會覺得另一邊好像比較好。

換個角度，試著把後悔轉化成為進步的動力，把自認錯誤的選擇當成日後的借鏡，過去的經驗不會平白消失，那可是校正方向的寶貴機會。只有極少數的人打從一開始就有明確的方向，大部分的人則是走著走著，才清楚方向在哪。

記得提醒自己，就算一時沒做到也不要一蹶不振，勢必會在這段過程學會些什麼。真正的自信，只能從時間累積而成的經驗中獲取，並不是「單純地相信自己能成功」就能成功。成功的定義也應該是由自己決定，不要盲目跟從他人，踏實且衷心喜歡目前的生活也算是一種成功。

即使是現在，我仍然在探索，偶爾還是會冒出「這樣做好嗎？」或「下一步該怎麼走？」的念頭，只是我不再焦急了，因為我清楚很多事著急也沒有用，只會讓自己更混亂而已，能做什麼就盡力去做，能走到哪裡就去到那裡。

生命，本來就沒有一套公式與使用說明書來參照，而是有著豐富多樣的叉路與風景去挖掘。有時，這條路就是不適合我走，或者那條路就是不讓我走，與其急著奮不顧身向前衝，不如先走自己能走的，而且還能看到一些未知、意外的人生風景。

不要因為別人做得好或過得好，就對自己感到失望，不必因為成果未達預期，就全盤否定自己的努力，只要盡力去做，就沒有所謂的白費，只要願意學習，將來都會比現在還要好。不必跟人比快，最後能夠抵達自己想要的地方就行了，別怕來不及，只要持續走，總會踏上自己該走的路。

等待，有時會帶來更好的結果

凡事不要執著於當下的結果，為自己在內心裡撐開一張濾網，讓時間將那些差勁的人事物慢慢濾掉，留下自己需要的美好。

我的第一本書與第二本書出版時間相差了七年，那是一段不算短的時間，足以讓孩子讀完小學教育，讓原本恩愛的夫妻之間有人開始癢了起來……，之所以會間隔這麼久，是有幾個原因，最大原因就是第一本書的銷售成績不如預期。

自己人生中的第一本書，當然是別具意義的，肯定會充滿期待，最後成績不理想，心情也大受打擊，感到非常失望。過幾年後再回想，那樣的結果是諸多因素造成的，只不過，現實與想像出現如此巨大的落差，讓我信心產生了動搖，對自己的文筆與人氣開始自我懷疑。

生命中許多經歷都是如此，不是努力了，事情就會順利；不是溝通了，別人就能理解；不是放手了，那些就與你無關。但，別人怎麼做、怎麼想，我們無法控制，至少如何看待一件事可以自己決定。唯有用正確的態度，就能走到正確的道路。

那段期間也曾有出版社來信詢問意願，但我評估後，除了覺得不適合，也對當時的自己沒有足夠的信心，因而婉拒邀約。在那時候，雖然困惑自己的文字是否有市場性，但，寫作之於我，是個重要的存在，透過文字，透過載體，可以讓我的價值觀與眾人連結在一起，那是件美好的事，所以我依然持續創作，在自己的部落格發表，也為網路媒體撰稿，並沒有放棄寫作，只是等待適合再次出書的時機，即使到最後都沒機會也無所謂，當時我是這麼想的。因為我還能透過網路這個載體與喜歡我文字的讀者們連結在一起，因此不用著急，許多事會隨著時間慢慢風化，也有許多事會在心裡紮根。會紮根的，自然會長出果實，我們只要持續做自己能做的，然後等待就好。

後來的故事就是大家比較清楚的，在許多人的幫助與督促，還有讀者的支持之下，七年之後我出版了第二本書，也終於被市場認可，獲得了不錯的銷售成績，才有機會持續出書至今。回頭去看，假使我急著出第二本書，以我當時的寫作風格，應該又會被打擊到信心全無，也就沒有現在的我。等待，有時會帶給我們更好的、更適合自己的結果。

在成長的過程中，會讓我們心生矛盾的，往往是事情發展太快，超乎我們能理解的方向，或者是在能夠接受的範圍卻擔心來不及。但意外的發展，大多伴隨著驚喜，但更多是不知所措，就像是自己還沒準備好行囊，就被迫出發上路。剛開始肯定慌亂，但只要多一些時間，最終還是能調整好心情與步調，找到自己該走的路。

與其不斷回頭看那之前跌下的坑，或是一直擔心未來的狀況，寧可踩好現在的步伐，謹慎面對、調整心態，到哪裡都不會來不及。

生命中有許多事情未必在發生的當下就是結果，那可能是一個開端。如果在當時選擇放棄，那就會是結果，若能經過一段時間的沉澱與發酵，將會慢慢形塑出不一樣的答案。

人生本來就充斥各種可能，根本不會很快給出答案，而是需要用時間醞釀，需要與更多人事物碰撞，受過的傷是來提醒自己在哪裡該小心，糟糕的人是讓自己明白若繼續糾纏只會更痛苦。

凡事不要執著於當下的結果，為自己在內心裡撐開一張濾網，讓時間將那些差勁的人事物慢慢濾掉，留下自己需要的美好。認真對待每一天，持續用喜歡的、想做的事為自己累積能量。生活總是會冒出各式各樣的問題來考驗你，可能都無法順利解決，即使沒有好結果，也不要貶低自己，那些考驗通常是需要你努力，不然就是要你放棄，無論選擇何者都沒有錯，只是會通往不同的道路罷了。

累了就慢慢走，偶爾停下來也沒關係，休息本來就是調整步伐的方式之一。雖然無法預知前面會遭遇什麼樣的狀況，但你可以選擇用什麼心態跨步。不必趕，人生不是用來趕路，而是要欣賞我們曾經走過的路。

月有圓缺，人有起伏，低潮時練習等待，順遂時懂得謙卑。生命中出現的缺，日後會以各種形式來填補。願我們能用智慧與勇氣去面對生命的不順遂，然後保持著謙卑與謹慎去面對順遂的時刻。

人生本來就充斥各種可能，根本不會很快給出答案，
而是需要用時間醞釀，需要與更多人事物碰撞。

照著自己的步調走

豹與鳥的速度都很快，前進的方式卻不同，生存的手段更是差異甚劇，豹沒辦法用鳥的方式前進，鳥也無法適應豹的生活，找到適合自己的生存方式是我們一輩子的功課。

從小到大，你應該曾聽過父母或長輩這樣說：「你們班×××同學考試都是前三名，你要學學人家怎麼讀書」或是「樓上的×××當上律師了，看看人家多麼有出息」，不然就是「×××都已經結婚還生了兩個可愛小孩，你怎麼一點消息都沒有？」，類似這樣拿別人當作標準，希望你能跟上步伐。我從小學開始父母就不在身邊，由親戚扶養長大，因此，那些話不太會對我說，畢竟我沒有學壞，也沒有自暴自棄，還能活得規規矩矩，對大人來說就已經是謝天謝地了吧？

不過，在年紀尚輕的時候，我跟一些家境富裕的公子哥走得很近，他們個個出手闊綽，到處吃喝玩樂，三天兩頭就出去玩，不是夜店，就是KTV、紅茶店，對他們來說，那樣是普通的玩樂，但以我的經濟條件來說，根本是奢侈與揮霍。可是我不想失去那些朋友，羨慕他們的生活，又不想被看不起，只要他們一揪，我一定會到，只是手頭沒有那麼多錢該怎麼辦？於是開始刷卡、預借現金。跟他們在一起感覺很風光，背地裡的我卻經常窮到三餐只吃白土司配開水，還欠了一堆卡債。

我們無法選擇出生在什麼樣的環境，至少可以選擇要用什麼樣的方式過活。

後來我驚覺自己若再這樣揮霍下去，卡債會把我拖垮。靜下心思考，發現自己並不是喜歡那些夜夜笙歌的玩樂，而是內心冀求被人認同、被人接受，以為將自己代入公子哥們的生活，就有機會成為他們，終究是個幻想。那段時期看似多彩多姿，但我並不快樂，日子過得空虛又自卑。原來那樣的華而不實並不適合我，於是我開始調整自己的交友圈，找出適合自己的生活方式。

別人的看法與期待，難免會被拿來與自己比較，但不要因此受到影響，因為我們無法成為別人，往往還會迷失了自己。

如果你連自己都滿足不了，就別奢望能夠滿足別人，不要像過去的我一樣，被表面的浮華所影響，請好好理解內心真正的需求，然後找出適合的做法來一點一點地填補。

好好地對待自己，不是花很多錢吃喝玩樂，而是認真面對內心的需求與

情緒，讓那些需求都盡量被滿足，讓那些情緒都獲得紓發。想要別人認同，不是讓自己變成另一個人，或強迫自己進入不適合的圈子，而是把自己最好的一面呈現在懂得欣賞你的人面前。

每個人都有自己的強項，都有適合自己的步調，而且會隨著人生的每個階段調整，就像是抵達了某個階段或目標後，又得詢問自己：現在的自己想守護的是什麼？目前有成就感嗎？過得開心嗎？喜歡現在的自己嗎？如果有許多否定的答案，那麼，就開始著手重整方向與步調，絕對不能把別人走過的路照單全收，那只是參考，並非全是我們該走的路。

世俗肯定會給出不少期待，但記得要先以自己的期待而活，滿足了自己，才能考慮別人的想法，或許周遭的人們都走得飛快，拚了命往前衝，萬一你腳程不快，跟著衝只是累了自己又得不到好成果，寧願以不傷身心為前提來調整成適當的節奏。

豹與鳥的速度都很快，前進的方式卻不同，生存的手段更是差異甚劇，豹沒辦法用鳥的方式前進，鳥也無法適應豹的生活，找到適合自己的生存方式是我們一輩子的功課。

照著自己的步調，不急，慢慢來，並不是鼓勵你可以停滯不前。不前進就是一種退步，我們只是不想被人逼著往前走，看似在這段過程可以獲得成長，卻都是因為退無可退、情非得已，只會留下滿腹埋怨與痛苦的印象，因此，請盡量用自己的方式全力以赴，才會甘願而不勉強。

我們的心力有限，能顧好自己該做的事、自己愛的人，那已是難得。能顧及該做、該在乎的人事物之後，若有餘力再為其他人事物付出。這不是自私，而是懂得自愛。先把自己能做的、會做的做好，然後在行有餘力的時候，學習那些想做卻做不好的，慢慢讓自己做的更多、做的精巧。一個人的成就，就是這樣堆疊起來的，當你覺得現在還一事無成，不如先看看過去是否有做到最基本的努力。

所謂人生如戲，人生與戲劇的相似處之一，就是過程與結局並沒有好壞對錯，端看每個人如何看待，我們最需要遵循的，不是其他人的說三道四，而是對得起自己。千萬不要妄自菲薄，認為自己不值得過得好。我相信，任何出現在你身邊的人事物，都是因為你值得才會出現，而你要做的，就是努力爭取、盡力珍惜。照著自己的步調，一步一步，終能抵達值得的成就。

多一點儀式感，就能多一點滿足感

要讓自己提升滿足感，最重要的是，養成正面心態的思考模式，像是保持積極、找出生活樂趣、懂得感恩。

每當與人聊到生活日常時，偶爾會聽到有人認為自己每天過得單調乏味、一成不變。在固定時間出門，搭乘同一條路線的公車或捷運，連車廂內遇見的乘客也盡是相同的臉孔，在同一間便利商店向同一個店員買咖啡與早餐，然後開始上班工作，做著日復一日的交辦事務，然後下班回家。

要說不好，也不是真的過得不好。只是，一直生活在那樣枯燥無趣的環境，內心難免逐漸枯萎，慢慢失去了前進的動力。

而另一種日常則是生活忙碌、行程滿檔。從鬧鐘響起的那一刻，眼前就有成堆的待辦事項等著自己處理，比方說，準備小孩的書包、餐盒，送小孩去托兒所或學校，趕赴一場又一場不同地點的會議，處理工作的各種繁瑣事務，一件還沒解決，又有人打電話來交代新的任務，行程間可能還要抽空預訂家族聚會的餐廳，上網訂購家人的用品，下班後去學校接小孩，回家處理完家務，又要把早上未解決的緊急工作做完。一件事接著一件事，一個行程接著一個行程，就這樣在緊湊忙碌的生活中團團轉，一下繞著家人轉，一下被工作追著跑，日子看似過得充實，卻忙得沒有方向，在不知不覺中失去了自己原本想要的生活。

不論是枯燥乏味，還是緊湊忙碌，那都是我們的日常，也是我們的現實。放眼你我的生活，似乎沒有不多不少剛剛好的事情、沒有不多不少剛剛好的行程，也沒有不多不少剛剛好的社交往來，經常會覺得不是太多就是嫌少，彷彿生活總是欠缺了什麼，沒什麼好不滿的，卻也沒什麼令人滿意的。

因為生活中有太多的突如其來，太多的不可抗力，所以我們更該時時記得保有自己。

過去常有人問我，為什麼面對事情向來從容不迫，鮮少看到我面露生氣、不快樂的模樣。說真的，我也回答不出來，只能心虛地說，大概是個性的關係吧。不過，我最近發現除了個性，很有可能是我在生活裡養成的習慣與思考邏輯，才使得自己看起來自在、知足。

有心理研究指出，要讓自己提升滿足感，最重要的是，養成正面心態的思考模式，像是保持積極、找出生活樂趣、懂得感恩。我發現，在日常生活中試著讓自己習慣做某些事情與思考，有助於提升自我滿足感。

首先，**可以找到一項可以讓自己感到積極、正面、愉快或自我感覺良好的事情，然後持續去做。我把這件事稱為「自我滿足的儀式感」**。

第一個改變我人生的習慣是閱讀。

我並不是從小就喜歡讀書的人，而是在外島當兵時無聊才拿起書來打發時間，意外體會到閱讀的美好。然後，先從小說裡找到閱讀的樂趣，再慢慢開始看不同類型的讀物，從中獲得了有別於以往的知識與反思，也帶來了心靈上的滿足。到目前為止這個習慣還是持續著，無論多麼忙碌，每天至少給自己十至十五分鐘看書，算是我的生活儀式感之一。

因為閱讀，我開始寫作，才發現書寫是一種可以覺察問題、思考問題、提醒自己，以及自我療癒的事。

或許有人會認為自己又不是從事文字工作，為何還要寫作？如果不把它當成寫作，而是寫日記呢？有不少名人未必是作家，但他們有持續寫日記的習慣。很多時候，書寫不是寫給別人看的，而是幫助自己思考與爬梳心情。日記不是單純記錄流水帳，而是記下當時的心情，思考當天遇到的問題，以及對於經歷某些事件後的心得，我們才能從中得到啟發與改變，進而獲得自我滿足感。

無論是寫作或寫日記，字數未必要多，只要持續做，就能慢慢理解自己，思緒也能更清楚，或多或少改變現在的生活。

我的生活儀式感，最早是閱讀，然後加入了寫作，接著是運動。

學生時代的我，稱得上是運動好手，無論是打棒球、躲避球、籃球或是田徑，都是班上的主力，國中時還曾入選籃球校隊，打過校際聯賽。不過，進入社會後，因為工作忙碌，便完全放棄了運動，總是以沒時間作為藉口。直到幾年前讀了一篇報導，訪問某位科技業的成功人士，他告訴記者說自己每天最少會做一下伏地挺身。記者問他為何只有一下，做一下有什麼意義？他回答：「這樣我就沒理由告訴自己沒時間運動，因為不可能連做一下伏地挺身的時間都沒有。」做任何事都是這樣的，需要一點一滴，才能養成習慣。

於是我也不能告訴自己沒時間運動了，因此，每天至少運動五分鐘。運動，不只是為了身體健康，還能帶來正面、積極、照顧好自己與完成一件事的滿足感。

前陣子，我開始嘗試在生活中再加入另一個儀式——「冥想」。

每天早上起床後，我的儀式順序是這樣：冥想、寫作，然後運動。閱讀則是在日常中隨時找時間進行，我會在床頭放一本書，背包裡有電子書，客廳也有讀物，隨手可以拿起書來看。

剛開始嘗試冥想時，我先設定五分鐘，之後再慢慢增加到十五分鐘，未來的目標是半小時。冥想有什麼好處，網路上有很多資料可以參考，如果有興趣請自行查閱，目前對我來說，冥想是可以讓腦袋好好休息。腦袋有適度的休息，自然可以增加它的運轉效能、集中力，安定情緒，慢慢能提升心靈上的豐盈。

如果你對於自己的生活缺少幸福感、滿足感，請試著參考前面的建議：**持續做一件可以讓自己感到積極、正面、愉快或自我感覺良好的事。未必要跟我一樣，你可以選擇騎腳踏車，或是散步，還是花時間替自己慢慢沖一杯好咖啡。**與其自怨自艾，不如改變生活，生活變了，心態也會隨之改變。給生活多一點儀式感，心靈就能多一點滿足。

書寫不是寫給別人看的，而是幫助自己思考與爬梳心情。

越忙，就越該靜下心

每個人對於「做好事情」的定義不同，做事的方法也不同，不必用自己的標準去看待他人，你也不必盲目跟從別人的做法。

現在的社會運作模式越來越便利、快速與多元，近年又興起「斜槓工作」的風潮，讓人要同時兼顧很多面向，例如工作、家事、讀書、人際與休閒等等。想要生活過得充實、多樣、有意義，確實是不錯的想法，不過，也因為要做很多不同的事，而要記住更多的細項，反而讓自己陷入忙亂焦躁的生活裡。

有些人因為步調快速、同時要處理太多事，常會有事情做不好、做不完的挫折感，然後又要面對事情一件接著一件來的壓力，內心滿是不安與焦躁。假如你發覺自己不時會冒出慌亂的感受，或是容易產生煩躁的情緒，請記得先喘口氣，深呼吸，靜下心，空出一些時間來思考，確認現在身處的忙碌狀態是「現實的忙碌」還是「心理的忙碌」，理解自己的實際狀態，才能有效對症解決問題。

若是仔細回想後，發現是眼前的事情或行程實在太多太滿了，超出自己能夠負荷的範圍、也無力去解決，那就調整工作與行程。我們不該妄自菲薄，卻也不該沒有自知之明，做不到、做不完的事就別逞強，不只累了自己，可能也會誤了別人。

萬一事情真的太多、太難，趕緊尋求他人的幫忙，或是主動協調事情的行程，不必顧及面子，或許會感到抱歉，但如果不及時處理，等到事情最後出了大問題，即使說抱歉也於事無補。

經過思考的做事，才會有效率，也能產生真正的價值。沒有思考的做事，只是勞動，只是瞎忙而已。

如果你思考過後，發現「忙碌」是自己心理因素所造成的，比方說，因為太多事情要處理，而心裡老是想著「這件事要做，那件事還沒做」、「這還沒做完，等等還有行程要去」，於是一直處在又忙又亂的壓力中。其實，有些事情是單純寄封信、打通電話就可以處理的，或是請別人接手就可以輕易解決的，卻因為心裡忙亂而沒有好好安排，把自己困在忙碌煩躁的恐怖迴圈裡。

越是忙碌，越要靜下心，專注於眼前的事物。

遇上要處理的事情時，請先思考，分配好時間，想好該怎麼做的流程，然後按照自己的步調，全神專注地完成，暫且不要去煩惱多餘的事。當我們專注了，自然就會發揮出最好的能力，這樣才是有效率、不浪費時間、心情放鬆的處理態度。

面對生活中的麻煩人事物，也要懂得放下。放得開，不是代表我們脾氣好、修養好，只是單純不想把自己的人生浪費在煩亂裡。

此外，你是否經常感到不快樂或煩躁？事情不如預期就會不高興，被別人說三道四也會不開心，如果放任這些各種不如意的累積，將會讓自己處在煩躁、憂鬱的心理狀態。不妨回想一下，到目前為止自己所感受到的不悅情緒，應該都是這樣的想法吧：「跟自己想像不一樣」、「你怎麼會這麼做／這麼說」或是「他打亂了我的步調」。

生活中有太多想法讓你無法苟同或不可理喻的人，你不能理解他的判斷到底有何依據，也不明白他的邏輯究竟是怎麼形成，聽到他的方法或評論，你肯定也會忍不住翻白眼。但，每個人都有自己的性格及價值觀，你不喜歡的事物，不代表就是不好的。每個人對於「做好事情」的定義不同，做事的方法也不同，不必用自己的標準去看待他人，你也不必盲目跟從別人的做法。

當別人做錯了、做得不好，試著跟他溝通、給他建議，至於對方要不要聽，是否聽得懂，你也不必太在意，既然已經把該表達的想法說出來了，問心無愧就好。當你開始能夠理解、包容別人的不同，原本那些覺得被人拖累、陷害的想法，就會轉變成自己可以善待他人的自我肯定。

要走得快，先試著走得慢。生活不是一直求快，也要適時放慢，在適合自己的節奏裡前進，才能安穩到達目標。

假使你無法讓自己遊刃有餘地處理好每天的事情，不能接受他人與自己的差異，因而讓自己陷在忙亂的生活與焦躁的心情中，即使人生過得再斜槓、再充實，也很難從中獲得快樂與滿足。

學著說「慢慢來」

接受自己暫時還沒那麼好，並不代表可以擺爛、不必努力，而是將過去的好高騖遠和自不量力，全部打掉重練，以一個務實的、安穩的全新狀態，將自己重組成型。

一位男士載著小孩到學校，從下車開始一直走到校門口，他一邊牽著小孩，一邊催促著：「我們要走快點，走快點！」這一幕我相信你應該也曾見過，甚至小時候就經歷過。

現在的生活步調飛快，許多人都被潛移默化，學會凡事都要加快節奏，彷彿這樣就是有效率地完成各種事情。

以前我也是一個很容易著急的人，看到與自己差不多年紀的人已經買車、買房、甚至創業了，內心十分羨慕，同時也非常懊惱自己還在牛步前進，快不起來。那時的我，最自作聰明的，就是拿別人的成功來「激勵」自己，事實上，卻是用別人的步調來懲罰還沒好好走穩的自己，既沒有幫助，反而徒增焦慮，因而做了不對的決定，繞了更遠的路。

在高強度、快節奏的生活步調之中，好像可以獲得很多成就，完成很多目標，但是身心狀態卻容易變得焦躁不安，過著那樣的日子也絕對稱不上快樂。

當生活方式用力過猛、轉速過快，對自己與別人都過於要求，在這樣的狀態之下，人只剩心煩意亂，因而變得更加衝動，失去了方向，一直追隨別人的腳步前進，慢慢失去自信，越是用力的結果，受到打擊的反作用力也就越強。

收放平衡，鬆緊有度，這樣才是提升自我的最佳準則。該放緩的時候好好放鬆，該加快的時候再努力衝刺，無論是學習或工作，當強度與速度超過了一個人能夠適應的限度，只會產生反效果而已。

別先入為主地認為要做到很難，其實也沒有想像中那麼難，而是調整你看待人事物的心態，提醒自己關注於其他地方，而不是介意周遭的人做到什麼，也不是要求自己要達成什麼，而是回到自身，試著在乎生活的過程而非結果，練習找出事情的不同面向，不去追求不切實際的目標，先安頓身心，再慢慢成長。

這世界有太多無能為力的遺憾，所以我們只能求在能力所及問心無愧就好。如果一個人連自己都不願意關注內心的感受，又有誰能對他體恤與寬容呢？

經歷一段跌跌撞撞之後，**我後來終於懂得「慢慢來」**，欲速則不達。**這並不容易，是體認到自己做不到很多事、跟不上很多人，這是對能者的服輸，也是對境遇的臣服，接受了並沒有那麼優秀的自己。**接受自己暫時還沒那麼好，並不代表可以擺爛、不必努力，而是將過去的好高騖遠和自不量力，全部打掉重練，以一個務實的、安穩的全新狀態，將自己重組成型，學會重視內心真正的需求，不再盲目追求，緩慢而慎重地探索未來，不是心急地衝向未知。

這段過程很像是與自己的和解，先放下，再一個一個慢慢拾起真正適合自己的東西，一點一點，變得越來越好。

年紀越大，發現真的沒有比好好活著更值得慶幸的事了。每一天都有值得感謝的事情發生，都有值得學習的事情出現，難免還是有困擾的、麻煩的事情來攪局，不過，一旦接受了這個世界的運作模式，偶爾的起伏是日常，就會提醒自己淡然看待。慢慢來、穩穩走，再好再壞總會過去，未來也能緩緩抵達。

可以羨慕別人擁有的，但也不要妒忌，不必著急焦慮，只要專注自己的目標一步一步前進，總有一天你也可以擁有。而那些無法擁有的，只代表不屬於你而已，會有其他更合適的事物值得你追尋。可以做的事這麼多，與其急忙追求、盲目跟風，先做好眼前能做的，然後理解自己內心真正的想望，再朝向那個方向出發，保持穩健，保持謙卑，再慢也遲早會走到的，沒有任何理由去著急。

成長是一個持續而堅定的過程，想要達成目標，就應該付出心力與時間。從學步到探索，再到發現，然後出發抵達目標。每個人都有一定的步驟，有人比較快，也有人比較慢，無論如何都是需要循序漸進的，尤其珍貴的事物更需要沉澱和磨鍊，急不得。

慢慢來不是消極，不是懶散，也不是得過且過。慢慢來是一種穩健踏實的生活態度，暫時放慢腳步，調整身心與前進的策略，只是為了以篤定的腳步踏上征途。慢慢來是理解自己、善待自己，選擇用最適合的模樣，去應對生活的挑戰。

有天，回家時我遇到鄰居太太正牽著小孩上樓，對於剛學會走路的女孩來說，面對近似她半身高的階梯，上樓顯得非常吃力，但可愛的她臉上洋溢著開心的笑，一步一步地上樓，媽媽在旁溫柔地鼓勵著：「慢慢來唷～好棒哦！我們再爬一個！」

也許我們需要學會說「慢慢來」，不只對孩子，也要對你自己。

從容才是勝者的姿態

認真工作，不再把犧牲自己的時間視為理所當然，而是要在維持生活品質與身心健康的前提下，懂得運用更有效率的做事方法。

許多人想著「要努力賺錢才能得到自由，有了財富就能買到生活上的各種自由，包括時間。」確實，有一定的經濟條件才能有一定水準的生活品質，但不少人努力工作，每天過得汲汲營營，匆匆忙忙，卻享受不到生活品質，甚至讓自己沒了自由。

如果你現在的生活過得焦頭爛額、爭分奪秒，覺得疲憊，覺得辛苦，或許該試著轉換思考：「找到真正想做的事，用適合自己的步調，讓自己有時間享受生活、陪伴重要的人」。也許會有人覺得這樣過於理想，怎麼可能兩全其美，既能賺錢又有時間好好生活？說真的，除非經濟狀況拮据困難，每天得為了隔天的飯錢煩惱，不然，我總相信只要有決心改變，一定有機會做到。

假如你覺得不可能做到，是否真正思考過自己能做的、想做的是什麼，然後認真規劃，並且付諸實行？是否曾苦惱於取捨手上的事情，或是如何加強做事的效率，讓自己更有時間？是否盤算過自己真正需要的、用得到的生活支出，然後列出接下來的財務計劃？萬一你都沒有，請現在開始思考，將會發現自己匆忙奔波的生活狀態是可以被改變的。

大部分人都習慣關注與學習別人成功的方式，卻很少會注意到怎麼做才是適合自己的，以及讓自己過得更好的方式。有些人只是拚了命地努力著，卻從未看清努力的方向，只知道大家的目標，卻沒思考過自己是否有其他更適合的選擇。往往直到最後一刻，才發現自己一直拚命前進的，根本不是成功的捷徑，而是一次又一次地丟棄掉自己的自由、健康與家人相處的時間。

難道慢慢來就跟不上其他人的腳步？為何非得追隨別人的步調與方向，大家都在奔赴的道路肯定很擁擠，走自己想走的路，依你習慣的步伐前進，即使與人不同，這樣卻走得比較舒服、走得長久。

希望你不要再被「工作至上」或「賺錢優先」的框架限制了自己，因而犧牲了生活品質與身體健康。事實上，一定還有其他選擇，可以不必捨棄健康、睡眠與自由運用的時間。把思維轉換成「健康至上」或「效率優先」，認真工作，不再把犧牲自己的時間視為理所當然，而是要在維持生活品質與身心健康的前提下，懂得運用更有效率的做事方法。我們可以改變心態，用方法與創意同時兼顧家庭生活與工作事業，而不是陷入二選一的迷思裡。

不要先想得太難，比方說，許多人推薦的「蕃茄鐘」工作法，這是有效率並能減輕壓力的做事方式。它的做法是在二十五分鐘內只專注在目前正在進行的事項，再用五分鐘時間完全放鬆休息，接著，再以二十五分鐘為單位，專注做一件事情，然後再休息五分鐘，就這樣持續循環直到把事情處理完。

我在《工作，剛剛好就好》書中，也有分享一些自己覺得可以提升效率的工作方法，在此簡短介紹一下。例如「善用自己最有效率的時間」，我們每天實際上能專注處理工作的時間通常不到四小時，而腦袋最清楚、思考能力快且準確的時間可能只有兩小時，我會盡量把需要專心、需要思考或有難度、重要的事情安排在這個時段，相對更容易做出成效。

因此，我也會習慣將手上的待辦事項分門別類，每個人的分類方式不同，以我來說，會先簡單區分「重要的」與「不重要的」，當然重要的先做，再從中分出「緊急的」、「日常的」與「臨時的」，緊急的事情當然優先處理，然後再把日常該做的事解決掉，臨時加入的事情則是有空閒時再做。

別忘了努力工作辛苦賺錢，就是為了好好生活。思考自己的人生、職涯發展時，更該把「好好生活」放在優先考量的重點，我們實際上需要的金錢物質並沒那麼多，真正有能力的人應該要兼顧兩者，並且以生活品質為主，以健康均衡的生活，去創造更好的工作效率與更高的成就感。

多數人所謂的「成功」，只是一個社會概念，你不必過於看重它。你的成功可以自己定義，只要是能做到自己喜歡的、能獲得滿足的，那就是一種成功了。人生中已經有太多的身不由己，在能夠決定的時候，盡可能的忠於自己。

日子顛簸，只能慢走。浮生如夢，凡事寬容。我給自己一個原則，就是盡量不讓生活過得急急忙忙、倉卒從事。賺錢與工作重要，生活與健康也重要，甚至更重要。身心出了問題，事業也會連帶受到影響，擁有了良好的身心狀態，自然能在事業上也有良好的表現。讓自己做事從容、待人寬容，為的就是要維持良好的身心狀態。盡量用適合自己的方式做事情，追不上的，不勉強；背不動的，就放下；看不慣的，就遠離。難免有諸事不順、遇人不淑的時候，與其花時間生氣、難過，不如好好吃一頓飯、好好睡一覺，這樣隔天才有心力再去面對之後的挑戰。

若你是聰明人，你就會懂得善待自己，不會一直急著跟上這世界的步伐。偶爾與這個世界保持一點距離，是很必要的休息。努力，不只是認真賺錢工作，也該認真休息與充電，再耀眼的絢爛也總要回歸於平淡。我相信，從容才是人生勝者的姿態。

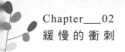

Chapter___03

羊性的溫暖

我們不能隨便去傷人，不過，自己身上必須帶著刺，讓糟糕的人明白你也不好惹，這樣就能保護自己，減少被傷害的機會。

成就團隊的羊性並不糟糕

你可以是一匹優秀的狼，同時也要學習如何與群體共存共好，只想著爭鬥，或許有機會成為王者，卻可能被孤立放逐。

近幾年不時會聽到稱讚「狼性」的優秀，像是積極、有衝勁，以及主動攻擊，接著就會順帶批評一下有些年輕人軟弱、不肯吃苦，只想著小確幸。最後就會笑說：就像羊一樣，只能等著被狼吃掉了。

羊是溫馴、合群的動物，容易被帶領與引導，相對於狼來說，「羊性」常被用來比喻溫吞、服從、無主見、沒有企圖心。但，我不認為羊性這麼不堪，也不應該用粗暴的二分法來看待每個人，並非狼性就是優秀，羊性就是爛泥。

事實上，不論是狼性或羊性，都是驅動這個社會前進不可或缺的多樣性之一。常聽有人說「獨狼」，不過，狼多半是群居的動物，並非想像中那麼喜歡單獨行動，牠們理解與其獨自獵食，群體行動才是更省力、也更有效率的方法。職場上也是如此，或許有些事一個人也能做，可是大多數的事情是需要分工合作，有人協助才能做得快、做得好。

有企圖心、有衝勁、在乎自己的表現，願意衝撞既有體制與規則，當然是難得的積極態度，也能帶來嶄新的開創與進步。可是這種態度最好放在對的地方，倘若將攻擊與計較放在身邊的人，把本該好好合作的夥伴當成彼此競爭的對手廝殺，或許你的能力與衝勁可以殺出重圍，卻也絕對是遍體鱗傷。縱使擊倒了旁人，也讓自己陷入單兵孤城的危機。我曾經遇過一個同事，明明能力很好，行事卻總愛耍小手段，力求表現，邀功諉過，在單位裡到處樹敵，後來他確實因為表現升職加薪，不過討厭他的人太多，最後被人抓到虛報訂單的小辮子呈報上級，最終只能黯然離職。

狼性並非要自私或傷害他人，如果是用在為了組織目標而努力，或是帶領夥伴共同前進，這才是職場中最需要的力量。只有自己得益，往往好不了多久，假使群體一起變好，自己才能持續更好。

不論你擁有什麼樣的個性特質，習慣以什麼樣的行事方法，期望什麼樣的目標，只要進入社會、職場，都要盡量融入所在的環境，以符合現況的形式來展現自我特質，與他人合作共好，用不勉強自己的行事步調配合眾人的行動。而合群的羊往往是這種做法的高手，並非軟弱無能，只是沒那麼積極、強勢地想要領導他人，也願意成就他人，默默做好份內的事情，確保任務能夠達成，這樣的態度是團隊成長不可或缺的穩定力量。

職場上，不是只有積極競爭，你可以是一匹優秀的狼，同時也要學習如何與群體共存共好，只想著爭鬥，或許有機會成為王者，卻可能被孤立放逐。**人是無法獨好獨活的，與其嘲笑羊性，不如學習如何融入群體、不樹敵，既可以展現自我價值，也能成就團隊。**

我想，用寬厚、溫暖的心意待人，讓彼此都能愉快安穩地生活，這才是強大的能力吧。寬待他人，也就是寬待自己；對人多一點寬容，生活也能多一點餘裕。若大家都能扶持、關懷，這樣的群體自然有機會能一起變好，減少爭鬥與計較的心態，才不會一直陷在煩悶與氣憤的情緒之中。

孤獨未必不好，但有人陪伴與協助肯定更好。用攻擊、爭奪的態度只會讓生活充滿風雨，以體恤與包容的心，身邊時時都是晴空萬里。

不自私，收入反而變得更高

不要強勢，不要高傲，保持著謙虛低調的態度。人和，肯定是一位優秀的領導者與管理者的必備要件。

在職場上，表現出主動積極的態度當然很棒，不僅能爭取到機會，也容易被大家看見，這樣的人在工作上往往都能獲得一定的成就。但，我相信也有不少在工作上努力積極的人，單純只是想要讓主管與同事知道自己的能力，想要多接觸不同層面的挑戰，想要多方學習；只是沒想到，卻因此被同事討厭、被人排擠。希望有好表現，結果等待自己的竟是孤立無援，做事綁手綁腳，心裡很難受。

在工作上主動積極、勇於任事，絕對不是錯事，本來應該是被鼓勵，而不該遭受排擠，會發生這樣的狀況，通常是大部分的同事平時消極被動，或是感受到競爭的威脅，內心產生防禦機制，於是出現了排擠或厭惡對方的言行。

在職涯中，我也看過不少類似案例，有人選擇與那些討厭自己的同事直接開戰，在辦公室不只講話炮火四射，做事也是拚個你死我活；有人選擇不理會他人的排擠行為，把那些人當成空氣，咬牙硬撐，繼續孤軍作戰。

在職場上要當孤狼並不容易，選擇明著開戰的人，沒多久就被請走，即使能力再強，一直與同事處於紛爭失和的狀態，公司為了辦公室和諧也不得不讓他走。而選擇把同事當空氣的人，心理素質再強悍，終有疲憊脆弱的時候，沒有他人的協助，很多事情都是孤掌難鳴，最後也只能黯然離開。

有些人總是不自覺去傷害，有時傷害別人，有時傷害自己。糟糕的人會傷害別人，而善良的人選擇傷害自己。更常見的是兩敗俱傷。

有企圖心、有能力的人若想在職場上脫穎而出，不是一直想著如何戰勝別人，而是應該思考怎麼協助組織解決問題，還有如何與眾人和諧相處。體恤與友善，是待人處事的基本。有企圖心和愛自己都是一樣的，並非不用在意別人，都是需要懂得自愛，不是自私。

老子在《道德經》有說：「善為士者，不武；善戰者，不怒；善勝敵者，不與；善用人者，為下。是謂不爭之德，是謂用人之力，是謂配天古之極也。」

意思是：善於領導的人，不輕易動用武力；善於作戰的人，懂得控制情緒，不會容易被激怒；能戰勝對手的人，並不急著與人交戰；善於識才與用才的人，對待他人能保持著謙卑的態度。這是不相爭的益處，謙和才能得到別人的助力，這就是符合天道的最高法則。

權力與武力，雖然具有威嚇的效果，但是無法收服人心。真正有做事能力的人，應該先收起自己的情緒，不隨便拿別人或外界事物出氣。能夠解決問題的人，不會急著直接處理，而是先了解問題的根源，找出有效的方法再進行。與他人相處共事，不要強勢，不要高傲，保持謙虛與低調，並且拋開內心的偏見。

老子用短短幾句話就道出真正優秀人才的特點，若能做到上述幾點，肯定能在職場上風生水起。對我而言，重要的應該是最後一點——不要強勢，不要高傲，保持著謙虛低調的態度。人和，肯定是一位優秀的領導者與管理者的必備要件。

就像之前說的，有些人真的不是想與人為敵，而是想要自己的表現能被看見，想要盡快完成被交辦的任務……，但為什麼會被人討厭？或許他們之所以抗拒，不在於你的心意，而是你表達心意的方式。

如果你自認為是有企圖心、力求表現的人，不妨先自我評估，是否太以自己為中心，且容易忽略身邊的人的感受？我並不是要責怪這樣的性格，每種性格都有相對好與不好的一面，同樣的性格若是放在不一樣的環境，是會產生不同變化的。即使是自我中心的性格，也先請接納目前的自己，不必自我否定與怪罪，至少現在的你已經清楚，這樣的性格可能在某些環境無法行得通，只要稍微調整，應該就能慢慢變好。

不妨試著用以下面向，讓自己重新思考並且調整。

改善與他人溝通

靜心觀察自己是如何接受他人發出的訊息，是根據什麼樣的條件判斷，是收集客觀線索，還是自己的揣摩？若是多以自己的立場思考為主，不如直接與人溝通，多問對方幾句，收集更完整的資訊，給自己一些時間過濾訊息，想像在對方的角度會是什麼感受，再來判斷自己該怎麼回應，以及如何滿足對方的需求。

改變自己的心態

讓自己從「利己」轉換成「利他」，「因為利他，更能利己」。其實，要改變心態相對不容易，但可以先從小地方調整。例如，自己想到不錯的點子，不急著往上建議，可以先詢問同事意見，再向主管報告，被採用時也要讓主管知道有誰給予過意見，不只自己有表現，也讓身邊的人受到鼓勵，自然會形成正向的循環，同事彼此之間相互協助，一起變好，而不是陷入惡性競爭。

之前讀過日本腦科學博士岩崎一郎先生的文章，他引用了歐洲曾針對「利己者」與「利他者」十多年間的收入變化研究，「利他者」的年收入成長高於「利己者」一倍以上，因為利他者會替周遭的人著想，會為身邊的人解決問題，透過這些行為獲得他人的信任，更容易得到重要的工作，或是被拔擢為團隊的主管，收入也因此增加。

如果你想要成功，不要單純為了成功而努力，應該是要朝著「讓自己成為他人信任的人」而努力。

願我們都成為在他人眼中有價值、願意信賴的人。**溫暖的人是即便一切陷入黑暗，依然閃閃發亮。願我們身邊有著溫暖的人，如果還沒有，那就讓我們先努力成為這樣的人。**

每種性格都有相對好與不好的一面，同樣的性格若是放在不一樣的環境，是會產生不同變化的。

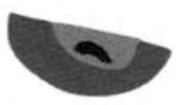

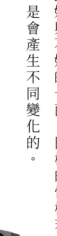

不爭的智慧

不爭，不是完全無欲無求，而是不讓競爭的慾念佔滿內心。要清楚我們爭的是什麼，別為了細枝末節的小得失而自亂陣腳。

在現實生活中，競爭無處不在，似乎只要不武裝起自己，不再進步，就會被環境淘汰。競爭是人類的本能，物競天擇，適者生存，也是萬物法則，人不為己，天誅地滅，多數人都是有私心的，若要做到真正的無欲無求，實在是鳳毛麟角。該爭取的就要盡力，取決於心態和方法；為了自己的權益而努力，那是追求應得的公理與公平，但不該爭而去爭，那就是計較心，甚至是一種貪念。

身處在功利環境裡，我們很難遠離競爭，但有一樣東西，任何人都無法爭奪，那就是我們的內心。「不爭」不是針對他人，而是先控制自己的私慾和貪念，也就是讓心安定，與慾念共處，這是最基本卻也最困難的。懂得以靜制動，以退為進，順勢而為，才是生存的最佳方法。

說到不爭，很難不想到老子，這位智者在《道德經》裡說：「上善若水。水善利萬物而不爭，處眾人之所惡，故幾於道。」

水沒有固定的形體，若是裝在不同容器裡，會依容器的形狀呈現自己的形態，善於適應不同的環境。假使我們能試著讓自己像水一樣，水的柔軟能順應當下的狀況；水的滋潤萬物能善待身邊的人；水的包容能廣納不同的想法，自然不會招來忌恨。而且還要學習水的因應變化，掌握適當的時機，順勢行動，在有空隙的地方立刻湧出，發揮自己的長處，展現自己的價值。

越去爭搶，反而失去的越多，心也越來越疲累。不去爭奪，反而容易得到。不做意氣之爭，才能顧全自己所要的大局。

想要成就自己的目標，就不能衝動行事、一味計較、爭搶利益，反而是作繭自縛，替將來的路鋪下了荊棘與絆腳石。有時去爭眼前小小的是非利弊，那只會耽誤自己走向目標的時間，因為樹敵越多，未來扯你後腿的人也會越多。

難免會遇到他人的刁難與挑釁，若想與之對抗，通常只會讓情形更加惡化，讓路越走越窄。生活在這個世界，一定會遇到很多與自己不同想法的人，也不是每個人都能講道理；遇到蠻橫之人，越去爭執，越會陷入沒完沒了的糾纏裡，惹得一身腥。因此，**有時得放棄次要的事物，才能保護真**

正重要的事物，自己的時間與心力就該花在值得的人事物上，而不是一直繞在糟糕的人身上打轉。

鋒芒畢露、好勝爭強的人，最容易遭遇打擊，若是身旁沒有人能幫忙、相挺，往往很快就被擊倒。而那些謙卑客氣、不爭功不搶利的人，善於廣結好人緣，即使遇到難關，也有人願意相助。不要輕忽眾人的力量，一個小小善意的累積也會成為巨大的能量，自然能成就更大的目標。

生活裡，難免會遇上不如己所願之事，更倒楣的是還會無事生非，但，真正的強者不是好勇鬥狠，而是學會「上善若水」的生活哲學和「不爭無尤」的人生智慧，淡然看待人我的差異，靜觀局勢的改變，並且堅定內心最重要的目標與信念，一旦侵犯到底線，絕不姑息惡意。

水，不會只有平靜無瀾，也是能形成驚濤巨浪反撲吞噬，該爭取的，該反抗的，當然別客氣過頭。

不爭，不是完全無欲無求，而是不讓競爭的慾念佔滿內心。要清楚我們爭的是什麼，別為了細枝末節的小得失而自亂陣腳。生活本來就不會事事順風順水，以不讓情緒起伏影響生活太多為原則，別強求自己能改變他人，別強留難以擁有的事物，有時為了爭一口氣，最後卻會讓自己後悔一輩子。

有時去爭眼前小小的是非利弊，那只會耽誤自己走向目標的時間，因為樹敵越多，未來扯你後腿的人也會越多。

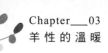

讓完成有意義的事成爲動力

不是揣想著「我要比你更好」，而是思索著「我們怎麼一起變得更好」。

仔細回想後，你會發現生活中的不快樂都源自於「計較」與「競爭」，而且還帶點自討苦吃的成分。計較著微不足道的得失，競爭著未必需要的名利與地位，讓自己越來越痛苦。為什麼呢？人與人之間的和諧來自於體諒與尊重，你跟人計較，人家也會跟你計較，你想爭奪，別人也會想搶回，因這樣你來我往的相互牽引而衍生了各種不安、難過與憤恨。

慾望是我們成長的動力，若是無法將其好好控制，那麼，慾望就像填不滿的黑洞，結果反噬自己的生活，甚至是自己的心。當然，要做到無欲無求是不可能的，不過至少要做到「不傷人」、「不損人」，做自己該做的，拿自己該拿的。

是你能擁有的，自然會留在你身邊，假使可以這麼想，許多惱人的煩憂便不會一直干擾著我們的生活。

從許多聽過的故事或是過去的經驗中，我認為人們多數時候會失敗的原因有兩個：貪念和驕傲。

為了得到更多名利與地位，而去貶抑、算計或打擊他人。也許能在一段時間裡獲得好處，可是隨著一次一次被利益蒙蔽了心，自以為能力過人，招引了更多敵人，真心相待的人卻逐漸遠離，終有一天會自食惡果。

我們在生活上總是習慣將所有的事物分得清楚，這些是屬於我的，那些是屬於你的，然後計較著為什麼你得到的比較多，或是他擁有的比較好。

不過，從哲理的角度來看，這個世間並沒有一樣東西是完全屬於你的或我的，我們手上的任何事物都只是暫時擁有，除了自己本身。我們生來時什麼也沒有，當然在離開時也是什麼都帶不走。

或許有人會覺得即使一時擁有也好，就是想要過得奢華體面，就是想要站得高高在上。那也沒關係，畢竟那是人性的一部分，也是前面提到的人類社會進步的動力，只是在追逐的過程中不要喪失了自我，**金錢可以是創造自我價值的工具，不要把它視為追求的目標，否則你所謂的成功，也不過是讓自己淪為金錢的奴隸罷了。**

慾望是人遭受磨難的根源，看似能獲得快樂，可是那快樂的背後卻隱藏著危險，慾望實現後，災厄通常也伴隨而來。

別被慾望所操控，而是讓慾望轉化為驅動自己成長的能量，真正能讓我們生活富足愉快的，不單單是擁有金錢與地位，還有物質之外的，例如自我價值的實現、被他人需要、關愛等等，精神層面獲得滿足，才是真正的富足。庸庸碌碌於追求物質上的滿足，同時又與人計較、爭奪，在那樣的競爭心態裡，是很難過得安穩踏實，生活又怎麼能愉快自在？

內心的愉悅自在，多數是來自於「助人」與「平靜」，與其用競爭的心態去看待周遭的人事物，不如試著以共同利益來思考。

不是揣想著「我要比你更好」，而是思索著「我們怎麼一起變得更好」。與值得信賴的人一起努力，跟大家一起成長，既能獲得豐碩的成果，內心也會感到充實與愉悅。

孤狼可以生存，但肯定辛苦，試著與人合作、引領團隊，在磨合的過程中也可以把自己的能力提升至不同的境界。不必特別讚揚「狼性」，也不必刻意讓自己成為狼，或許那些狼性之人多半是環境所逼，我相信如果有更多選擇，他們也不想拚了老命為了前途而犧牲生活、喪失人性。

推動我們成長與前進的驅動力未必需要狼性，更多是「實踐夢想」。

仔細看看許多成功者、企業家，他們將金錢視為努力的目標之一，但更多的動力都是來自於想要完成有「意義」的事，比方說，創造某項產品讓人更便利、對環境更友善，這樣才會有持續下去的驅動力，人性遠比狼性更值得擁有。

面對未知的人生，我們都要靜心思考，自己具備什麼才華與能力？對自己來說，工作的意義是什麼？然後再去思考做什麼事可以滿足以上兩點？那未必是多麼遠大的夢想，有人覺得自己手藝不錯，能炸出好吃的雞排，讓人吃得開心，自己也開心，這樣的事就值得去嘗試。

找出自己想做的、能做的，當然不容易，不過有了目標，自然不會被擔心與恐懼所驅使，而是用「意義」來引導，這樣的生活肯定比較有意思。

與其競爭，堅定才是王道

一個人能夠優雅而堅定，在於能控制好自己的情緒。動不動就對人發脾氣，習慣用言語傷人，是愚蠢且不利己的行為。

談了一些「狼性」的缺點，並不是教你一切都要「溫良恭謙讓」，畢竟在社會上走跳，並非人人是好人、事事是好事，總會出現幾個自私自利、不擇手段的人，假使你什麼都選擇容忍、禮讓，那些人並不懂得感謝與回報，只會繼續對你軟土深掘、得寸進尺，因此，必須要有所反擊才不會被當成「濫好人」。

競爭不等於要兇狠，鬥智也不等於要耍把戲。我們任何的行動與決定，應該是建立在喜歡自己、認同自己之上，而不是越來越討厭自己，然後傷害身邊的人。一旦你開始討厭自己，最後就會擴及討厭起自己身邊的一切。就像我不斷提醒的，別在糟糕的人身上做出糟糕的決定，他們不值得你友善對待，也別因為他們而讓自己也成為糟糕的人。

我有個朋友，之前在大型外商公司上班，工作能力很強，不過也因為表現優異，讓直屬主管感到芒刺在背，認為他是個有威脅性的存在，於是在各種事情上刁難、不配合。但朋友也是個性強悍的人，不會乖乖任由人欺負，選擇與主管直接開戰，引起主管從原本的挑剔刁難升級成直接否決掉他的任何提案，不僅言語上冷嘲熱諷，在工作上也極盡找碴。其他同事為了自保，不是站在主管那方一起對抗他，不然就是選擇與他保持距離免得遭受波及，結果他懷著滿腹委屈離職了。

後來，朋友去了另一間大型企業，或許是性格大剌剌的緣故，容易讓人誤以為是囂張，於是再次受到資深同事的針對。但有了之前的經驗，這次他選擇與對方溝通，讓資深同事知道自己並不是要搶功勞、搶表現，而是想做好公司交代的任務，也期望整個部門一起更好。雖然對方未必全然接受他的說法，不過，彼此關係並沒有進一步惡化。而朋友也堅持做好自己份內該做的事，認真把公司交辦的任務完成，進公司不到三年就高升，之後還被挖角成為某外商的國內負責人。順帶一提，之前百般刁難他的主管，因為得罪不少人，又發生違反公司規定的事情，最後被迫資遣。

當自己的想法與他人相左，要有勇氣提出異議，並適當說明，這絕非容易的事。但，放棄溝通只會讓自己與人越來越疏離，或是越來越委屈，若不試著打開窗讓陽光照進來，事情只會一直藏在心裡，然後腐臭發爛。「說出來」就像一種開道，讓堆積於內心的黑暗有流出的管道。

每個人適合的溝通方法都不一樣，但，只要記住這三點就好：不帶著壞情緒，不急著說服，不想著怪罪人。

在一次一次的磨合中，應該能找出最適當的相處之道。若還是沒辦法，那就只好各自走好自己的路，至少曾經努力過了。好好說話，靜靜傾聽，然後慢慢理解彼此。

一個人能夠優雅而堅定，在於能控制好自己的情緒。動不動就對人發脾氣，習慣用言語傷人，是愚蠢且不利己的行為。能好好控制負面情緒的人，遠比能攻城掠地的人更加強大。

看不出流動的水通常很深，看不出情緒的人往往難測。學會控制情緒，對於自己認為正確的、該做的，能維持溫和而不被動搖的態度，相信在職場上也能發展非常好。

任何事物都是過猶不及，好意過了頭，就會造成傷害，能力過了頭，容易變得傲慢。好比火光能照亮黑暗，若是光照過於強烈，反而太刺眼而看不見前方。凡事都要懂得適可而止，注意旁人的感受，優秀的人容易招忌，更該處事圓融謙和。

難免會有不認同你的人，相對的，也會有你受不了的人。當然很難無視那些對自己的批評與嘲諷，因為那些否定會帶來衝擊，但一個人的自信灑脫，就是能夠看淡那些看不慣的人事物，還有針對性的抨擊與非難。你不欣賞的，未必一定就是不好的，而被人否定時，也不必急著跳腳，因為他們的不認同，說不定你才會自省還有哪裡不夠好，畢竟我們永遠要對得起的人只有自己。把那些輕視或閒言當成一種提醒就好，該調整就調整，過去了就是昨日的事，不值得讓自己的心情被干擾太久。

為了面子硬要去做的事，或為了一些小事而去跟人爭吵，結果往往會讓你丟失了面子。不會做的就不要做，不必爭的就不要吵；勉強只會讓自己難受，好強只會讓場面難看。

仔細回想，真正帶給我最大成長動力的，不全是別人友善的帶領，反而是他人的嘲笑、不屑與逼迫。當然，有人會用耐心與愛心來帶領，讓我們平順安穩的成長；但很多時候是難受、不甘心，讓我們決定要那些人另眼相看。犯錯、受挫或被看不起，確實不好受，**願你也能將那些不堪轉化成前進的力量，一旦你走遠了，自然也遠離了糟糕的環境。**記得，當你越來越好，你身邊的人也會越來越好。

人善，不要被人欺

我們不能隨便去傷人，不過，自己身上必須帶著刺，讓糟糕的人明白你也不好惹，這樣就能保護自己，減少被傷害的機會。

我鼓勵人要善良，卻不要過度善良。人善被人欺，這是自古以來過來人們的耳提面命，也是經過許多現代人類學研究所得到的驗證。人類是群體社會，從早期集體狩獵，到部落遊牧、農耕，運作模式都是眾人一起分工合作獲得資源後，再將其做分配，通常貢獻越多的人會得到越多。假使有人不依慣例，明明付出很多，卻願意拿得少，把他應得的資源去幫助需要卻無法拿多的人，不少人會覺得這樣很好，而他也因幫助人獲得了聲望；但對某些資源分配者來說，可能會懷疑他是否在盤算什麼，或是認為他破壞規矩，而開始防範他、對付他。

心理學家還發現，過於善良、太有道德感的人反而容易惹人不悅，因為他的出現，會讓其他人相形見絀。可能是他做的善舉，而彰顯他人是否做得不夠好；或許是他的道德感，讓別人的小惡感覺是宗大罪，種種被比下去的不舒服，導致最後轉為去針對這個好人。

人多半是自私、善嫉的，以及喜歡落井下石，所以我們可以善良，但切記不要軟弱。該強硬的時候千萬別心軟，反正那些不懷好意而為難我們的人，不是識人不清，就是惡劣自私，如果一直選擇容忍，只會讓自己傷痕累累。

如果你很優秀，也不要高調展現，不要洋洋自得，因為在團體裡過於突出的人，往往招人妒忌、被人討厭。假如你一點也不在意，當然也可以無視這些怨念繼續做自己；若你不希望被針對，在言行上不妨多加在意旁人的感受，盡量不要讓人覺得刺眼。

我們不能隨便去傷人，不過，自己身上必須帶著刺，讓糟糕的人明白你也不好惹，這樣就能保護自己，減少被傷害的機會。

萬一自己帶不了刺，強悍不起來，不如試著成為一塊「海綿」，無論別人怎麼刺、怎麼捶打都沒效果，彷彿承受了卻又彈了回去，**不在意才是最強大，試著看淡那些惡意吧**。在糟糕的人面前表現出你的不在乎，不正面對抗，但在其他方面則嘗試找機會反擊。

到底怎麼樣才是過度善良呢？我覺得因擔心被人討厭或傷害到人，而勉強自己答應或承受一些超過自身底線的事，就是過度善良與心軟。

願意善待他人，願意幫忙別人，這樣的心意固然很棒，但如果沒有先保護好自己，就不能怪罪別人了。要有餘裕才能伸出手去拉人一把，否則，不只拉不起人，還會被一起拖下水。面對別人的請求，只要會擔誤自己的事情，都應該先考量幫忙的後果，該拒絕的時候就得堅定拒絕。你體諒別人的處境，那麼，別人也該體諒你的狀況，如果對方一點都不在意，你又何必在意他的感受？

受到他人的惡意針對，用恰當的語氣告知你的不舒服，如果對方無視而一再繼續，你也不必客氣，向有權協助處理的人反應，不然就是向對方的弱點反擊。**與其奢望他人見義勇為，不如想辦法讓自己後發制人，多數人都自顧不暇，如果連你都不維護自己的權益與尊嚴，別人又為何要自找麻煩來幫你呢？**

不要擔心拒絕或反抗別人的不尊重會傷害到彼此的關係，只要拒絕的理由正當，真正值得往來的關係，不會因為你維護自己的底線而被傷害；若是無視你的感受，自私地希望你當個沒有原則的濫好人，這樣的關係不要也罷。開口向人提出要求，本來就該要有會被拒絕的準備，如果沒有接受拒絕的心理素質，那是他的不成熟，不是我們的問題。

另外，有些人會「過度內疚」。從心理學解釋，一般的內疚，是做錯事或主動傷人之後，對自己的言行產生反省的心理狀態；而過度的內疚，就是過於關注別人的感受，並非自己做錯事或主動傷人，卻會開始自我否定的心理狀態。

要一直提醒自己不要「過度內疚」，你沒有做錯事，也沒有去傷害任何人，你只是想維護自己的原則與底線，只是反擊別人的攻擊，只是不想忍讓別人的不客氣，你只是做自己該做的事，如此而已。

我們要友善對人，但一定要有原則與主見，才不會讓懷抱惡意的人利用你的善良。一直忍讓、羞於爭取，讓自己內心委屈承受著無謂的負擔，這不是友善，而是軟弱。

善良並不代表軟弱，我們可以對身邊的人關心照顧，在能力範圍內對人伸出援手，對人盡量客氣禮讓，但，最不該讓糟糕的人任意糟蹋自己。越是妥協，他越是得寸進尺。我們的善意是要留給值得的人，而不是讓糟糕的人踐踏不珍惜。即使是羊，也要當個有原則、有骨氣的羊。

或許有人認為，善良的人根本沒有好處，只會備受欺負；我要再次強調，善良絕對是值得鼓勵的特質，但不要「過度善良」與「過度內疚」，而讓自己陷入吃力不討好的狀態。善良，肯定是具有吸引美好的特質。

過去也有心理學家做過實驗，研究人員利用兔兔布偶，一隻扮演愛搗蛋的壞兔兔，另一隻則是幫助別人的好兔兔。結果發現，六個月左右的寶寶們，有八成明顯喜歡與好兔兔親近，甚至不願意去看壞兔兔。這個實驗說明了我們多數人依然喜歡善良，所以千萬不要放棄這個受人喜愛的特質。

不過，這項實驗還有另一個環節有趣也令人深思，研究人員在好兔兔和壞兔兔面前都放了餅乾，壞兔兔有很多餅乾，而好兔兔只有一塊餅乾，多數的寶寶們會伸手去拿比較多的餅乾。我想，人都有慾求也很難抗拒誘惑，可是寶寶們卻因為善良，而選擇不去跟只有一塊餅乾的好兔兔搶食。

而你，會覺得是什麼原因呢？

一直忍讓、羞於爭取，讓自己內心委屈承受著無謂的負擔，這不是友善，而是軟弱。

共好的美好

想要合作、想要共好，前提是自己要有資本。這個資本未必是指金錢，而是能力與特質，是否有處理事情的能力，或者擁有不錯的人際觀察。

無論我們能力多強，多麼精明能幹，多麼鶴立雞群，若是沒有雞群的協助，也只是一隻成不了事的鶴。群體之中如果沒有領頭羊來帶領，往往也只是一盤散沙，漫無目的，各自為政。不管是對組織成長，還是個人發展來說，與其欺負比自己弱的，或是排擠掉能力好的，不如試著共謀其利，彼此成長，也就是追求共好，大家一起受惠。

狼是殘忍的，羊是善良的，這是過於片面的看法。凡事都有多種面向，無論是哪種生物，終究都是在追求生存的保障，只是使用的手段不同而已。但我們所追求的，不會只停留在「生存」，應該還有更為深層的需求，那就是「自我實現」。

每個人的自我實現所投射出的表面需求不相同，有人想要掌握更大的權力，有人想要擁有足夠金錢，有人想從事自己喜歡的工作，也有人覺得能讓自己與家人安穩過日子就滿足。

在團體裡，狼性和羊性，不應該是對立的，而是共存的，大家一起做好該做的事，分別完成自己認為有價值的事。好的團隊中，要有行動力、企圖心的人帶頭往目標前進，也要有溫和、具同理心的人幫忙協調許多事情，甚至，**每個人的內心裡可能都存在著狼性與羊性，端看自己習慣展現**

出哪一種面向而已。如果可以，在朝團隊目標前進時，眾人一起發揮狼性，堅定、有鬥志地走向目的地；而在團隊相處時，發揮各自善良合群的一面，讓彼此合作更緊密、更愉快。

有時候，一味想與別人合作，但自己並沒有足夠的實力與作用，那是一種拖累。想要合作，想要共好，前提是自己要有資本。這個資本未必是指金錢，而是能力與特質，是否有處理事情的能力，或者擁有不錯的人際觀察，懂得體諒、反省和學習，能夠彼此倚重，才能讓合作順利，讓每個人都有自我實現的機會。

自信的人，不代表就不會受傷。開朗的人，不代表就不會生氣。樂觀的人，也不代表就不會害怕。我們習慣用標籤、自我的角度去看待他人，卻忘了同一件事情在不同的人身上，就是會有千百種的反應。

有時候合作，會集結邏輯想法不同的人，因此，溝通協調變成是非常重要的一環，要試著理解對方的需求與目標，也要讓對方清楚自己想要獲得什麼。給予別人不需要的東西，那是多餘，不是善良，也不是共好。自以為的好心，往往就是會做錯事。

人與人之間，講求的就是一個互相。

你尊重我，我就尊重你；你忽視我，我也忽視你。可以一時彎腰，但絕不會一直委曲求全，因為這世上沒幾個人值得我們一再屈就，姿態低久了，他還覺得理所當然，何苦作踐自己？

做任何事情時，**若心中沒有思考他人的立場和感受，也不清楚別人的需求，自顧自的付出，自以為是好意，用這樣的心態所做的任何事都不過只是符合自己的期待，**對別人來說，那看似好意的付出，比較像是無關他人的自我滿足，根本可有可無。

尊重彼此的責任、需求與期待，才能開始建立信任，互助互補，朝著共好的目標前進。

就算是在自己得意的時候，也要好好善待他人，因為當你失意時說不定也會需要他們。就算是自己衝鋒陷陣的時候，也要懂得保護身邊的人，因為當你想要攻取目標時，說不定需要他們來保護自己。

給予別人不需要的東西，那是多餘，不是善良，也不是共好。自以為的好心，往往就是會做錯事。

善待的循環

我們給出去的溫柔，日後會以其他形式的溫暖回來自己身邊。

在這個講求效率、投報率的社會氛圍裡，凡事都希望有立即的回報，為了快速獲得成效，咄咄逼人和功利思考被視為正常，甚至無視他人的困難與感受也成了理所當然。當然還是有想要懷抱善良的人，卻因為善待他人未能獲得相同的對待，真誠地掏心掏肺，結果卻換來對方的狼心狗肺。因此，開始學會強勢的狼性，才能在現實功利的競爭中生存下來。

我相信真的有許多人選擇善待、體恤他人，但一直沒有被人重視，於是被旁人笑是傻子。被說久了，不禁也開始覺得自己是否太傻，對於善待別人這件事越來越遲疑，甚至遇到有人對自己好的時候，便忍不住去懷疑對方背後的動機。

確實，過分善良的結果可能是被人欺騙或欺負，但我覺得願意善良與體恤他人仍然是一個正確的選擇，這裡舉一個朋友爸爸的故事。

朋友的爸爸有次很自豪地跟他說，有一個大客戶的訂單，他們公司極力想爭取，但那個老闆很難搞，部門同事們接連上陣拜訪，不是被刁難，就是合作條件苛刻，要求又多，甚至連洽談的機會都沒有，只能無功而返。沒想到，朋友的爸爸去拜訪就一次談成。

為什麼這麼順利就把生意談成了？原來朋友的爸爸與那位老闆是國中同學，但真正能成功談定的原因並非只是同學情誼，而是老闆兒時家境貧困，在學校中午時常沒飯可吃，朋友的爸爸非常善良，雖然那時正值發育期，自己都吃不飽了，還是把便當分一半給同學吃。兩人在畢業後各奔東西，失去了聯絡，但這份善意讓後來成為大老闆的國中同學銘記在心，很高興終於有回報的機會。

善良的對待，確實未必馬上能獲得回報，甚至不必期待有回報，因為終有意想不到的美好會出現。我們每一次的溫柔以待，並不是為了別人，也是為了自己。善待，就像是替自己播下善的種子，未必馬上會有收獲，一旦撒出的善種越多，收獲的機會也隨之增多，那是一種循環，我們給出去的溫柔，日後會以其他形式的溫暖回到自己身邊。

難免會有遇上犯錯、脆弱或困頓的時候，那時候的你，也會希望其他人即使不幫忙，至少可以體諒自己的感受。嘲諷或指責無法讓事情變好，但，一點的善意與體貼可以讓那當下瞬間變得美好。一個微笑，一個擁抱，或是一句溫暖的鼓勵，很可能會成為對方心中引燃動力的火光。

假使一個人為了自身利益而選擇欺騙與欺負他人，或者在別人需要協助與鼓勵時反而落井下石，這種惡意也會是一種循環。傷害別人的當下或許沒有得到報應，不管是什麼樣的惡行，將來同樣也會以其他形式出現而自食惡果。

你付出的善心，正默默舖著你未來的路。長遠來看，無論我們對什麼人好，都是對自己好；無論對什麼事用心，也是對將來用心。**很多人的好運氣，都是一點一滴積攢下來的善意。**做人處事，不一定要豪情壯志、精明幹練，但至少要善良真誠。因為**善意就像一盞燈火，不只能溫暖身邊的人，我相信也能照亮自己的路**。

在生活中，不時會遇到有些人的惡意對待，你選擇放下，不等於自己沒事了，只是你明白還有其他更重要的人事物要顧及。仔細想想，那些讓自己心煩的往往都是無法控制的，既然力有未逮，何苦讓壞情緒一直困住自己。該要努力的，是在能力所及的範圍盡量去做，然後將那些糟糕的人事物留在過去，待心情好了，自然一切也會慢慢變好。

我明白，不少人即使沒有得到回報，還是願意付出、願意善待身邊的人，時間一久，會覺得累、覺得苦。必須花很大、很大的力氣與勇氣才能繼續選擇善良，你已經做得夠多了，要告訴自己：「不是凡事都要你來扛、你來幫」，偶爾給自己一點空間與時間，暫離那些煩心瑣事，讓心好好休息。我相信，終有一天你可以不必再用盡全力也能過得好好的。

善待，就像是替自己播下善的種子，未必馬上會有收穫，一旦撒出的善種越多，收穫的機會也隨之增多。

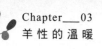

Chapter___04

挫折的功勞

就算是前方路途受阻，那也無妨，轉個彎，另闢其他路徑就好，別忘了人生不會沒路可走。挫折並不可怕，可怕的是受挫後的頹靡不起。

為了離糟糕的人越來越遠，要盡力讓自己越來越好

我們本來就不是要活成別人嘴中的樣子，而是要離自己想要的模樣越來越近。

人不可能永遠處在光明，不會時時都有陽光，甚至偶爾要置身在黑暗或低谷，才能看出一個人真正的能耐與心態。

出門工作，難免會遇到莫名其妙的妖魔鬼怪，可是，我們的時間很寶

貴，不該浪費在不開心的人事物上。有時你會因為別人的推諉而必須多做事，或是因為旁人的錯誤連帶被責罵，甚至被子虛烏有的傳言中傷，免不了氣憤難平，不過，與其一直生氣，不如想辦法爭氣，你的人生應該專注在讓自己變得更好，而不是讓心情變得更差。

遇到不如意的事，就別糾結在已經發生的過去了吧，而去試著思考將來如何解決或避開。遇到討厭的人，請告訴自己別跟著對方一同起舞，若亂了腳步，就恰巧稱了他的意。待人處事的道理其實你都懂，只是那些人心難測無法捉摸，想要追求所謂的自在，不過就是把生活過得單純，真的不必費勁與那些人攪和而把生活弄得一團複雜。人生不長，生命可貴，何苦自找麻煩。

在職場上，難的往往不是做事，而是做人，你可以發現工作上的大小問題幾乎都是在於人。

討厭你或刁難你的人，在某些時刻也可能會需要得到你的出力或支持，你有能力的話，當然可以協助，試著幫忙溝通與處理，但如果超出能力所及，不如就尋求他人支援或選擇看淡。與人為善當然重要，萬一與自己手上的責任衝突而無法兩全其美時，我會毅然決然以完成自己該做的事為優先考量。這不是自私，畢竟拿公司的薪水，我們就是要把該做的事情做好；若你是身為管理者的人就要顧及更多層面，必須以組織的目標與發展為重，自然更無法讓所有人滿意。

難免會為了與同事始終有距離而難過，難免會為了被看似親切的同事背後捅刀而灰心，在職場上，本來就不該對彼此之間的關係懷抱過多期待，因為總有人會為了一點點自身的利益而利用你或傷害你。工作是為了賺取收入、成就自我價值，努力把事情做好比較實在。我認為做事認真負責，待人真誠友善，人緣自然也不會太差。至於在職場上若能遇到難能可貴的情誼，那是幸運的獎勵，值得好好珍惜。

有些職場是溫馨的大家庭，有些則是可怕的魔窟，萬一不小心進去了，不是選擇逃之夭夭，就是讓自己有足夠的實力斬妖除魔。我不斷再三提醒，請在工作上培養出一項優秀的能力，有了能力加持，自然就有立足之地，那些只想鬥爭的妖魔鬼怪也會敬你三分，畢竟他們也要衡量這樣的爭鬥，公司是要保你還是留他？你有很強的能力，公司卻不知珍惜，任由妖魔橫行，打擊真正有績效、有實力的人，讓你選擇離開，那是他們的損失。只要你擁有足夠的才華、本事，不管到哪裡，只要是適合的地方都有機會再起，重新證明自己。

不要因為一次打擊或別人的一次齟齬就否定自己，如果是自己的問題，請把挫折引以為鑑，轉化為自我成長的契機。然而，有些問題並不在你，是在這個大環境，那麼，就不該讓糟糕的環境拖累了本該持續變好的你。

人之所以選擇工作，除了希望得到應有的收入，大部分的人都期盼能獲得成就感，至少要有踏實感，不然也要有點存在感。當你開始對它沒有了

這些感受，甚至是已經無感，那就不要再浪費自己的時間，早點離開那樣的環境也很好。

人心是最難掌控的，那些討厭你的人，你永遠無法令他們滿意，即使已經順了他們的意，還是能被挑剔出哪裡不夠好。試著把身邊的酸言酸語或指手劃腳當成推動你前進的助力，為了離糟糕的人越來越遠，就要盡力讓自己越來越好。我們本來就不是要活成別人嘴中的樣子，而是要離自己想要的模樣越來越近。

與其一直生氣，不如想辦法爭氣，你的人生應該專注在讓自己變得更好，而不是讓心情變得更差。

別逃避選擇，逃避本身就是一種選擇

我們一直注意別人，太少關注自己，久而久之，便對自己的需求與感受變得生疏，以致於對未來迷惘，不知道想要的是什麼。

「如果不是我媽不贊成，也為了孩子，不然我早就離婚了。」

「如果不是朋友慫恿，我才不會買這雙又貴又不實用，根本穿不到的鞋子。」

「如果不是因為爸爸堅持要我選這科，我根本不會想讀，現在才會讀得這麼痛苦。」

偶爾總會聽到人們這麼抱怨，要不因為誰，自己就不會是那個對現況怨懟不滿的人。確實這些抱怨陳述了現實，可能說得也沒錯，是媽媽極力勸阻他離婚，是朋友推薦他買的鞋子，是爸爸要求他選讀那個科系，但那些事實是被現實所逼嗎？說不定我們只是把自己的軟弱、躊躇不定怪罪在他人的強迫。

當抱怨的人在說那些話時，心裡都已認定了自己的某些決定是被人逼迫而做的，然後還要承受這樣的結果。難道自己真的完全沒有選擇的權力嗎？事實上，在絕大多數的情形下，沒有任何人可以剝奪我們選擇的自由，即使是父母也一樣，雖然他們可能會用情緒勒索的方式來制止……。當我們感到被別人逼迫或限制，背後真正的原因，就是自己沒有選擇的決心，不敢拿出力量去抗衡；或是根本不確定自己內心想要的是什麼，於是把做決定的權力交到別人手上。

其實，太多人的問題在於不知道自己真正想要什麼，或是不敢放手去追求。當我們一直在扮演別人眼中期望的角色，慢慢地，就會失去那個最真的我。**一旦習慣活在別人的看法中，自己真正的需求就會變得模糊難辨，從小到大都以他人的期待與規劃為方向，不去探索自己內心的渴望，沒有自我中心的價值，自然會軟弱、沒主見，盲目地跟著別人走。**

在生活中，常聽有人這麼說：我希望誰可以心胸放開一些，我希望誰可以不要那麼固執，我希望誰可以再積極一點，我希望誰可以開心樂觀一點。不過，如果你問他：你希望自己過得如何？想要什麼？想做些什麼？相信可能有多數人都回答不出來。也會有人說想要賺很多錢吧，若你再繼續追問，那要怎麼賺很多錢？賺到很多錢想要做什麼呢？他們就更答不出來了。

這都是因為我們一直注意別人，太少關注自己，久而久之，便對自己的需求與感受變得生疏，以致於對未來迷惘，不知道想要的是什麼。於是不如交給別人替自己決定，還落得輕鬆，不順遂時也有個能怪罪的對象。

然而，成長中有一個很重要的自我認同探索，就是要去反思家庭教育與社會價值賦予我們的意識形態，再從這整個思想體系裡找出哪些是對自己有益的，哪些是不適合自己的，不要被既定的家庭教育與社會價值限制了自我，更不要被他人設定的框架所困住，唯有能夠分辨出適合自己的價值與邏輯，我們才有能力活出自己真正期盼的生活。

別害怕去承擔選擇，即便犯了錯，或許會遭人指責批評，犯錯確實是應該要檢討的，但也不必輕賤自己、讓自己動輒得咎。任誰都有犯錯的時候，讓我們成長最快、學習最深刻的就是挫敗與打擊，那些不堪與挫折會轉化成一種提醒，讓你變得更好、更強。

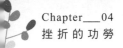

不要認為自己真的能夠逃避選擇、逃避承擔，別以為順利逃開就沒事了，這也是一種選擇。我們人生中所走的每一步都將決定自己通往哪一條路，最終會抵達到何方。不選擇，只是任由他人與環境推著自己前進。若選擇了一些違背內心喜惡與自我價值的事，可能不會有失敗，好像也背負了一些期待，只不過那並非是自己的夢想，而是別人的想法，最終仍將在逃避選擇之中自怨自艾。

試著勇敢做出選擇吧，即使不知道自己要什麼，就多方嘗試、增加知識，經驗與智慧會讓你眼前的路越來越清晰。

沒有力量，就無法與別人的要求與期待抗衡，因而感到挫敗、不安，於是渴望身邊的人能夠給予信心與勇氣，造成對他人的依賴越來越深，導致內心的無力感也會越來越重。這種時候，請相信自己吧，所有的能耐與力量都是從相信自己開始的。

任誰都有犯錯的時候，讓我們成長最快、學習最深刻的就是挫敗與打擊。

接受現狀是好轉的開始

失去也不完全都是壞事，既然到了低谷，就讓自己在這裡躺著休息一下也滿不錯的。

「有時，並不是你的憂鬱悲觀，而是你真的很慘！」這是朋友訴苦時，我為了讓氣氛放鬆而說的玩笑話，卻也是直接了當的實話。

每個人對於「很慘」的事實認定並不相同，什麼樣的遭遇才叫「慘」？

我們或多或少都有過命運多舛的時候，可能是遭人背叛、欺騙，也許是拚盡全力後結果一敗塗地，在那當下，難免心裡會有遇人不淑或是禍不單行的念頭，因而感到灰心喪氣，那也是情有可原。

在低潮難過時，身邊一定會有人鼓勵我們說，一定要樂觀以對、要正向思考。也一定有人說過：「愛笑的人運氣往往很好，因為運氣差的人都笑不出來。」在失敗的打擊下，我明白有時並不是你不想笑，而是在那個狀態下，你的笑只會讓自己顯得更可悲。老實說，一個人遇到真正的低潮時，多半是笑不出來的，那種心如死灰是連想要假笑都提不起嘴角的。

但人生中偶爾還是會有必須面對這樣欲振乏力的時期，很想要做好，又發現自己做不到，可能是自己能力還不夠，或是遇到的爛人鳥事並非輕易能改變與掌握的。要走過幽暗低谷，與其努力攀爬，不如接受現狀，先讓自己閉上眼適應眼前的黑暗。別讓一時的烏雲，掩蔽了你那顆原本明亮透澈的心。

我們都知道你很痛，但真正能瞭解你有多痛的人，應該沒有幾個。要期待一個人對另一個人的傷痛感同身受，實在是強人所難。堅強和自信都是做給別人看的，而心裡的寂寞或悲傷只能留給自己面對，所以請先好好照顧自己的心。接受已然發生的現實，既然不堪回首，就盡量往未來思考，而不是一直回想過去，那只會讓自己困在糟糕的情緒裡難以走出黑暗。

失去也不完全都是壞事，既然到了低谷，就讓自己在這裡躺著休息一下也滿不錯的。**不是要你放得開，只是願賭服輸而已。服輸了，我們就能放下，沉潛後再迎向下一段挑戰**。

我們都一樣，吃過很多水才學會了游泳，吃過很多虧才體會到人心不古。在難以逆轉的狀態下，選擇放棄，未必是半途而廢，有時只是想要善待自己，只是不想再讓糟糕的人踐踏了自己，不願再讓無解的事毀壞了生活。現在的放手才能空出手來，讓未來有機會得到更好。

或許很多人願意錦上添花，可是未必願意雪中送炭。濟困扶危的人太少，落井下石的人說不定還比較多。還是會有幾個心懷善意的人，對於他們適時提供協助要心存感激；而那些打擊我們的人，換個角度看，也是成長與學習的契機，不過，硬要感謝也太過矯情，我們可以在心裡祝他走路要小心、吃飯要注意，這樣就好。

接受現狀後，休息夠了，再帶著消化過的體悟慢慢向前走。**那些體悟都是有意義的，往往不是爛人鳥事越來越少，而是我們越來越懂得調適自己**。隨著一次又一次的打擊，你慢慢會發現，那些討厭的人事物總會不時出現，與其讓情緒受到影響，一直忽上忽下，不如試著把注意力回歸到自身，把時間花在讓自己變得更好，用心打扮，注重飲食，認真工作，學習技能與知識，將生活過成更理想的模樣。我們最終懂得唯有不斷自我調整，才能不讓爛人鳥事一再拖累自己。

或許你遭逢巨大變動，可能身邊人事已非，也許有些期待無法實現，但願不要就此消極，不要過於自責，先靜下心接受現實，那些都已經過去了，之後就會沒事的。生活中難免有困頓的時候，並不是你差勁，也不是你不想努力，只是總會有無能為力的狀況，需要再多一點時間讓自己重振旗鼓。記得要感謝給予溫暖的人，也要感謝雖不完美但會持續努力變好的自己。

接下來還是得努力朝自己想要的目標前進，不見得一定會達到，說不定在前行的途中，你會有全新的想法與境遇，不繼續走看看，就只能待在原地羨慕與感嘆。一路上肯定會疲憊、會難受，那都是你扎扎實實奮鬥過的反饋。成長的過程，會讓你困頓，讓你窘迫，讓你受傷，但走過之後，你會發現自己比前一天更閃閃發亮。

過去的努力與付出不會毫無意義，比方說，當之後的好運來臨時，你會感到心安理得。

堅強和自信都是做給別人看的，而心裡的寂寞或悲傷
只能留給自己面對，所以請先好好照顧自己的心。

任何事物在成熟之前，都是帶著苦味的

一次的挫折，一次的打擊，只要人生尚未結束，那些都僅僅是讓自己變得更強、更好的過程，不算是真正的失敗。

回想起來，年輕時的我應該算是抗壓性很差的人吧。倒不是工作一多、事情一雜就會受不了，反而這種單純的事務處理，我還稱得上做得有條不紊、不拖不欠；真正讓我備感壓力的、不適應的，應該是面對辦公室的政治角力與人際關係。事情只會很多，但不會複雜，常常把事情變得複雜、麻煩的，通常都是周遭的人，甚至是一些「與他何干」的人。關於「複雜的是人，不是事」，我曾在一間大型企業任職時深深領教過，當時在業界是數一數二的翹楚，後來還被外商集團併購。能夠進入那樣名氣響亮的公司當然感到高興，滿懷期待，想要大展實力，卻在任職沒多久後就發現自己的想法太單純了。想在這樣的大企業生存，你不只要有處理工作與解決問題的能力，也要有人際攻防與派系應對的敏銳度。應該可以迅速展開的專案，常常會因為部門間的鬥爭與牽制而延宕多時，原本可以有充分時間準備籌劃的工作，等到確定可以執行時已經變得匆促，最後總是在趕鴨子上架的情況下勉強完成，自然不會有多好的成效。我實在無法在那樣勾心鬥角的環境下工作，不到一年就丟盔棄甲落荒而逃。

以結果論來說，我是敗軍之將，因為無心處理複雜的辦公室政治而鎩羽而歸，在有些人眼中，說不定還會覺得我軟弱到不堪一擊。雖是戰場生存不易，而我卻輕易放棄許多人夢寐以求的機會。那時候的自己確實不夠成熟，但也多虧有了那次的經驗，清楚明白自己的弱點在哪裡，知道自己不適合做什麼樣的工作，及瞭解自己討厭複雜的職場環境。**換個角度想，是要感謝那些障礙與困難，不然怎能認知到自身的不足之處，誰才是真正值得深交的人，哪一條路自己不能走。**因為出現了障礙與困難，我們會被逼著找出解決之道，也會被鍛鍊出更強韌的心理素質。

任何事物在成熟之前，都是帶著苦味的，一次的挫折，一次的打擊，只要人生尚未結束，那些都僅僅是讓自己變得更強、更好的過程，不算是真正的失敗。最重要的是，我們要在每一次的受挫中練就出不斷蛻變的本領，透過對自我越來越深刻的了解，然後歷經一次又一次的調整與修復，成為更能適應現況的自己。

所謂的勇敢，或是成長的動力，往往來自於一個人看待挫折的「氣而不餒」。要對眼前的打擊感到氣憤不平，不服輸、不願到此為止，才有勇氣讓自己繼續前進，慢慢走出屬於自己的路。**就算是前方路途受阻，那也無**

妨，轉個彎，另闢其他路徑就好，別忘了人生不會沒路可走。挫折並不可怕，可怕的是受挫後的頹靡不起。

後來的我，還是不喜歡面對複雜的辦公室政治。不過，至少我理解到自己不該勉強，在能選擇時就盡量選擇單純的環境。那些看似明顯的弱點，只要經過調整，在不影響你前進的情形下就不算是弱點。當你很清楚自己要去哪裡，需要的是什麼，那麼，路上離開你的人並不是錯過，只是經過；路上那些崎嶇不平的石頭並不是阻礙，只是風景，影響不了什麼，你終究還是能抵達目的地。

不順遂時當然會難受，但調整好心態，找到對的方法，明天就是下一次順遂的開始。

終會走散，所以更該珍惜

盡力做個能夠給予的人，不必錦上添花，也不用掏心掏肺，只要在對方需要的時候，給出恰如其分的溫柔。

偶爾會有人感慨地告訴我，曾經感情深厚的朋友或是有著革命情誼的夥伴，最後無可避免地漸行漸遠。人與人之間的情誼，比我們想像的還薄弱，幾周沒聯繫，幾月沒見面，就不知不覺地走散了。若是重情感性的人，面對這個狀況心裡會難受，甚至感到挫折。

不過，在年紀尚輕的我，就有了深深的體悟：「人終會走散的。」

可能有人會覺得我悲觀，或許是吧？成長經歷會造就一個人的思考與觀念，因為自小父母離異，成長過程中，我陸續寄居在幾個親戚家，每一次遷移，就是一次聚散的開始，要跟師長同學說再見，要跟好友玩伴離別，難過沒多久，就必須再度重新融入新環境，與不同的人來往，這樣的迴圈令我惶惶不安。我不喜歡告別，也不擅長與人交流，也許是這樣的原因，所以開始懂得與人保持一點距離，內心認為這麼做就不必替人際關係傷神，離開時也不會那麼不捨、難過了。

彼此之所以會聚在一起的原因，可能是一件事的發生，也許是當下的狀態，最重要的是有共同的喜惡與價值觀；相對的，也可能是另一件事的發生，或是當下狀態的轉變，或價值觀出現差異，於是雙方漸行漸遠。

日子無聲地流動著，我們也一點一滴地在改變著，若是足夠幸運，就能朝著同一個方向流動、改變，但更常出現的是朝著不同方向改變，原本彼此親密、相近的人，最後成了陌生、疏離的人。

我們都需要與人連結，尤其是被認可、被理解與被需要的那份親密感，面對生活，更能感受到意義與價值，也能與這個世界保持緊密的關係，因此，當這份曾經親密的連結有一天被對方忽視了，甚至遺棄了，就會難以承受。那種不得不放手的遺憾，即使日後再相聚，彼此再也找不回當初的親密，也只能將那段不可逆的美好安放在心裡好好懷念。

「人終會走散的。」

我現在懂了，或許不該像過去那樣用逃避與冷漠來掩蓋自己想要被理解、被需要的連結，或掩蓋自己害怕面對失去時的難受，正因為最後終會走散，更應該好好珍惜與身邊每個人的相遇、相知、相惜。**我們要感謝每一段遇見，都能豐富自己的生活、視野，即使總有一天面臨不得不的離**

開，但那些曾經共同擁有的事物，在生命裡還是有其意義的，它不會消失，會一直存在我們的生命印記之中。

盡力做個能夠給予的人，不必錦上添花，也不用掏心掏肺，只要在對方需要的時候，給出恰如其分的溫柔。這不只是善待身邊的人，也是讓自己隨著每次的付出獲得一點成長。

就算走散了，還是要感謝那份曾經相互依賴、令人安心放鬆的情誼，即使後來沒有人為自己撐傘，在風雨中，我也可以習慣全身濕透地繼續前進。終有一天，身邊的人會離開，或是我獨自前進，彼此各自有其他更重要的事要去追尋，難免惋惜，難免不捨，但依舊要懷抱著這份美好的回憶走向自己的路。

無論如何，要好好記得當初我們的模樣，然後好好地過接下來的日子，期盼有一天，我們能好好地再相見。

經歷過感情的不好，更能明白自己的好

每一次歷經的遺憾，都會讓我們更清楚愛裡的稜稜角角，也更珍惜一份願意好好對待自己的心意。

你明明很傷心，卻還是選擇了繼續留下來，於是讓自己更傷心。你明明感到寂寞，但仍然陪著他走下去，只會讓自己更寂寞。

你總是習慣默默承受，不會訴苦，不會尋求關懷，不希望身邊的人為你擔心，因為你從小到大就被環境訓練成要成熟應對、不能輕易示弱，要獨立，要勇敢，要堅強，這樣才不會被看輕，不會造成他人的困擾。安上了一個「成熟懂事」的標籤，卻讓你變得不再對內心的想望積極爭取，對不想要的事物也無法拒絕，於是開始委屈自己。

我相信你始終知道自己接下來該怎麼走，只是習慣了成熟與不示弱的你，還有對過去的美好留戀的你，卻不願好好面對眼前這段彎彎繞繞、寂寞傷心的感情。與其困住彼此，不如各自去尋找更適合自己的路，各自去成為更好的人，而不是一起陷入痛苦的泥沼。

一段感情的結束，不是失敗，反而是一種對彼此的成全。當然會可惜曾經交付的情感，可是每一次歷經的遺憾，都會讓我們更清楚愛裡的稜稜角角，也更珍惜一份願意好好對待自己的心意。

要成為一個懂事的大人，並不等於委曲求全，而是在面對持續受傷的愛，願意忍受清理傷口的痛，勇敢面對清創的苦，唯有如此，才能癒合更快、復原更好。

剛開始當然會難受，也會感到不甘心。但，再過一些時日，雖然不至於會感謝他，可是你會慶幸自己重獲新生。能夠和不珍惜你、不適合的人分開，其實是一種福氣。

人生有很多事物都是一種選擇，包括愛情，既然選錯了就平靜地認錯。與其心中滿是不甘願，將自己困在委屈與傷心裡，何不下定決心，不再讓任何人糟蹋你。然後，請答應自己，會好好心疼、好好照顧那個受傷的自己。

你要相信，會有越來越好的一天，只是需要時間而已。當然還是會期盼有個願意好好陪伴自己的人，但經歷了這麼多，你會知道最可靠的仍是自己。離開一個曾經深深喜歡的人當然會痛苦，但你也清楚，假如在一段感情裡過得不快樂了，什麼都可以放棄，唯一不能放棄的，只有自己。

都是在經歷幾次傷痛後，才終於明白，如果自己可以給自己的安定，就是我們這一生最珍貴的財富。

你會慢慢懂得，不要把自己的幸福全部押注在別人身上，不要用自己的眼淚去證明對愛的勇敢，不要用自己的委屈去滿足對方的自私。真正美好的愛，不需要你自我催眠、欺騙自己；真正懂得珍惜你的人，不會讓你默默承受悲傷與寂寞。說好是兩個人的路，絕不會讓你一個人孤寂地走。兩個人走，一定要且行且珍惜，否則寧可一個人慢慢前進，也不該被不知珍惜的人拖累，困在同一個地方迷路打轉。

接下來，請把你的勇敢用於脫離現下的深淵，然後再專心地陪伴自己讓傷心遠去，向一份曾經用心的感情好好告別。你需要休息一陣子，但不會停滯，只是走得慢一點。你不會絕望，只是需要時間讓自己更茁壯。你已經越來越清楚，自己該有的模樣，自己該有的生活，現在就只需慢慢地一步一步朝那裡前進。

過去的那些失去，並不會不見，而是會以不同的形式回到你的手上。經歷過的那些不好，也會讓你明白不用一直痴痴等待別人的好。請相信自己的好，也相信自己一定會越來越好。

你需要休息一陣子，但不會停滯，只是走得慢一點。

你不會絕望，只是需要時間讓自己更茁壯。

不必矯情地去感謝打擊你的人

放過自己不是掩耳盜鈴，也不是壓抑感受，而是找出那些能讓情緒釋放的出口，讓原本的烏煙瘴氣變得海闊天空。

在我年紀很小的時候，父母就不在身邊，早早就得要懂得自立自強，但我頭腦不好，反應慢，也沒什麼專長，一路上只能亂闖亂撞，所以老是犯錯受挫，也得到了不少教訓。現在想想這或許是必經的學習，至少有反省的機會，不再犯同樣的錯，也能辨別出哪一條路是適合自己的。我們都是透過一連串的摸索、自我懷疑，以及撐過打擊，才漸漸成長的。許多人不清楚我們過去歷經了多少事，才能讓現在的自己看起來若無其事。

我算是幸運的人，除了自己一直沒放棄也很努力，這一路上總會有人在關鍵時刻伸手扶了我一把，才能這樣跌一階再爬兩階的走了過來。不過，樹多有枯枝，有許多善良的人，也不免會有些看不起我、傷害我的人，大部分的摔跤，是自己不夠好、不夠成熟造成的，偶爾摔得特別嚴重，則是有人故意伸出腳絆倒的。**在生命中遇見的每個人，他們的出現或多或少都有意義，有的是來陪伴你，有的是來考驗你，有的則是來警示你別成為與他一樣的人。**

這個世界當然還是有溫暖的時候，但我也不會天真地對弱肉強食的現實視而不見。越軟弱，越不爭，那些惡意就會越來越得寸進尺，進而予取予求。只有越強大，堅守底線，現實才會對你尊重、待你溫柔。我也會一直提醒自己，跌倒時有人拉一把是運氣，能夠靠自己爬起來才是實力。

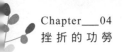

我們總要遇過幾次渣才懂得人心險惡，逆境能讓我們成長，但不必矯情地去感謝打擊你的人，因為真正讓我們成長的，是自己的努力與堅定，那些糟糕的人只會落井下石，一點都不值得被感謝。不過，那些難受都會過去的，因為只要我們越來越好，自然就離爛人越來越遠。

大部分的事是需要醞釀才會出現成果，有些事比的未必是能力而是堅持，當自己變好了，機會自然也就多了。而我們度過的那些不順與不堪，想得好一些，是老天給我們的課題。雖然辛苦，不過，也因為繞了遠路或走得慢了些，才能意外看見不同的風景。很多人說，會投胎比會努力重要，但不會投胎，不一定就會被淘汰，而是那些一直怪罪命運、環境而不自省的人才會。

我在臉書上寫過一段話獲得不少讀者的回響：

有時，不是你悲觀，而是你真的很慘。

有時，不是你想太多，而是有些人真的很賤。

但，選擇放下，選擇重新開始，跟任何人無關，跟自己有關。

盡量別困在情緒的牢籠，才能讓自己好過。

告別認為受委屈的自己，我們控制不了別人，但至少能試著掌握自己的心態。

只要願意試著踏出一步，就有機會離開眼前的困境。

我從不期待每個人都會喜歡我、接受我，只需要幾個我在意的人也能喜歡我，就已經很滿足了。那些會傷害你的人，未必是貴人，不過通常是賤人。至於要怎麼認定他們是什麼樣的人，取決於你用什麼心態而定，沒有對錯，只要是能輕鬆放下的心情，就是最棒的心態了。

我們不必刻意去感謝否定自己、欺負自己的人，也不該讓他們一直影響到自己的生活。未必要原諒對方，而是不要被過去的事與糟糕的人弄髒了明亮的未來。只要自己心安理得，盡量別困在情緒的牢籠裡，既然控制不了別人的言行，至少要懂得放過自己。放過自己不是掩耳盜鈴，也不是壓抑感受，而是找出那些能讓情緒釋放的出口，讓原本的烏煙瘴氣變得海闊天空。

如果你做什麼，都要聽別人說什麼，反而不知道該做什麼，因為別人的話永遠聽不完。每個人的成長背景與價值觀不同，他們根本無從了解真正的你，甚至連自己都不了解了，怎麼奢望這樣的人能給予你正確的意見。更何況每個人都不一樣，適合的做法與方向也各不相同，你想走的路，如果別人都沒走過，那麼，他們說的話也只能當作參考。不要因為別人的一句批評就否定自己，不要因為別人說不可能就自我設限，難免會有無聊閒人一直干擾，只要確定自己會過得越來越好，那些干擾也會越來越少。

有些人認定了你是錯的，即使你有條有理地解釋，仍被認為是在狡辯、不認錯；若是不解釋，就會被認為是默認；萬一你生氣發飆了，便被解讀是心虛才會惱羞成怒。先入為主與偏見就是這麼回事，別以為可以立即扭轉，更別奢望鬼能聽懂人話，當有人對你諸多誤會，只要陳述過事實並且已盡人事，剩下就一切隨緣吧。只要做好自己的本分，用實力證明自己，時間終會為你說話。

別人對你貼的標籤，那是他的成見，你可以撕下它，不要讓自己被左右。要提醒自己，既然改變不了別人，別人當然也無法改變你。

這世上，只要有人堅持走自己的路，身邊的否定與嘲笑從來都不會少，最好的方法就是繼續往目標前進，把那些沒有建樹的話語留在後頭。雖然這個世界無法提供舒適的環境，但我們可以把自己調整成能夠適應環境的心境。只要盡了力，即使最後沒有成功，也一定能從中得到成長。只要對得起自己，那不是輸，而是讓自己變得更好的準備罷了。因為努力，因為用心，我們才能更容易獲得好運的眷顧。

跨過去就沒事了

所謂的正向思考，不是什麼都往好的方面想，而是別困在情緒的牢籠，不讓視野被黑暗所侷限，找出事情的不同面向，發現還有明亮的地方。

幾年前，從新聞媒體得知，日本出現了「大叔出租」的工作，委託人能付費租用一位大叔，可以是單純陪伴，也許是提供諮詢，或者是協助採買、打掃等庶務。後來，臺灣也有人開始嘗試做類似的服務，與委託人一同晚餐，並提供一些專業建議與經驗分享。受到他們的啟發以及朋友的鼓勵，我在個人網站推出「阿飛大叔出租」的企劃，讓需要的讀者預約，除了聊天、諮詢，還提供了「紫微斗數人生地圖」的服務。但，因為平日工作繁忙，時間有限，目前「出租」的企劃仍在試營運階段，所以我也沒有在社群網站公布與大張旗鼓宣傳，不過，還是有不少人預約諮詢。

會來向我諮詢的問題通常分成兩大類：感情與工作。這並不意外，感情與工作佔了我們生命很大的比重，是日常的重心，工作是自我成就與價值的展現，而愛情能帶來心靈滿足與安全感，自然是大家在意的課題。有人猶豫是否應該分手，有人則是苦惱在三角關係中自己該怎麼選擇，也有人希望能夠挽回變調的戀曲。有人糾結該不該離職，有人在創業之前舉棋不定，也有人不清楚自己到底適合什麼樣的工作。正因為佔了很大的比重，所以只要工作或是感情出現了困頓、迷惘，生活就會像一團糾結混亂的線，必須找出線頭，才能重新梳理出該有的模樣。

此外，來找我諮詢的人也可分為兩種，一種是自己早有定見，只是希望有人可以推他一把；另一種人是無論選擇什麼，好像都沒有明顯的差異，導致猶豫不決。對於已有想法的人，我只要替他分析優勝劣敗、是否合適，剩下交由他自己決定，多數人最後還是會往內心既定的想法去做，只是時間早晚而已；而對於選項沒有明顯好壞的人，則是要用一些話術技巧去引導，讓他明白其實無論選什麼都可以，只要能夠下定決心就好。

仔細想想，面對人生困擾時的最大難題往往在於「決心」。生活不可能永遠平靜無波，猶豫的人容易受到環境與心態所制約，積極的人則會盡力改變。

以離婚與離職來舉例，不管是離婚，還是離職，沒有完全的好壞，只在於取捨而已。就某些方面來看，兩者其實很像。老實說，選擇離開比選擇留下更困難、更需要勇氣，因為人遇到要改變現況的時候總會感到不安。真正會讓人下定決心的，往往是真的爛透了、受夠了，自然根本不需要任何勇氣去推動。會猶豫的，多半都是那種「雖然很煩，可是又好像過得去」、「沒有很差，只是不太符合期待」的狀況。不妨使用最笨也最簡單的方法吧，拿出一張紙，把工作或婚姻的優點與缺點以及自己的期待與現況差異列出來，透過這樣的列點過程，可以幫助自己靜下來思考，當優缺點落差很大時，你就會知道該怎麼做了。仔細思考自己內心的需求，自然就能做出相對的取捨。

在愛情裡很難談公平，而是要論感受，論是否值得。兩個人相處應該要自在，而不是沉重。彼此對待要的是認真，而不是任性。你們可以慢慢磨合，但不要相互磨損。你們可以一起難過，但不要一直痛苦。**所謂美好的愛情，即使是你一人在付出，也會由衷地為對方開心，如果沒有，請務必思考真正的原因。**

記得，愛情最重要的是開心與安心，如果都沒有，就該下定決心離開。人生進行到現在，你會發現任何事都必須選擇，包括愛情。既然選錯就認錯，與其心懷不甘，把自己困在委屈與傷心裡，不如下定決心，不讓任何

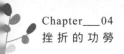

人糟蹋你。一直把心力與時間放在不珍惜自己的人身上，那是對自己的折磨，也是對自己多餘的懲罰，你才是值得自己好好關注的對象。過陣子，你會覺得還好離開了，才能重新擁有自己的生活。

只有想不開、放不開的人，沒有完全走不了、換不了的路。

至於職涯發展上，則要先找出自己適合做什麼、喜歡做什麼。現在有太多的工具可以幫助你，例如有職業適性測驗分析、性格測驗分析，連紫微斗數也能協助你找到適合的人生方向與重心，越早找到自己想走的路，自然能少走許多不必要的曲折路。在摸索的過程中，一定會有受挫的時候，有些是環境不適合，有些是共事的夥伴不合拍，有些則是工作內容不喜歡，但，那些問題是自己無法控制的，不必難過太久，只要調整心態再出發就好。

所謂的正向思考，不是什麼都往好的方面想，而是別困在情緒的牢籠，不讓視野被黑暗所侷限，找出事情的不同面向，發現還有明亮的地方。例如：

「他為什麼討厭我？我做錯什麼？」可以轉換成「難免會頻率不合，何必勉強」。

「我好差勁，不值得過得好！」可以轉換成「現在確實不好，但可以試著慢慢變好！」。

「想對自己好一點，但會不會太自私？」可以轉換成「照顧好自己，自然也能照顧身邊的人」。

讓自己轉念，並不是顛倒黑白，睜眼說瞎話，而是要找出那些被情緒遮蔽的出口。走了出去，眼前自然是海闊天空。

不論是在職場上，或在生活中，每個人都有各自不同的角色扮演，自己想要成為什麼樣的人，或是必須扮演什麼樣的角色，我們就努力調整，盡力演好。至於別人要演什麼，演得好不好，那是他的功課，我們管不著。只要對戲時，不要影響到我們的表現就好。

在人生這場旅途中，很多人與你相遇卻擦肩而過，也可能是愉快地共度一段時間，最後卻發生某些原因憤而離開。當然也有人願意陪你整趟跌跌撞撞，一起哭，一起笑。

我們應該要有決心，讓自己的生活步上常軌，不要老是放大自己的難過，或是過度在意別人的看法。犯錯也好，失敗也好，失去也好，重新調整自己，好好面對這些問題就好，沒必要否定自己的所有一切。**允許自己有軟弱或做不到的一面，那是為了保有繼續向前的機會與力氣。現在的你認為是災難，過一陣子再回首，那只是漫長人生路上的一些小窟窿。跨過去就沒事了，一切都會慢慢好轉。**

生命中有許多事就像是天上的雲，看似隨意自由，實際上卻身不由己。

那些事，既然無法控制也無能為力，也只能盡量看淡，把那些經歷都轉化成有用的養分，把心力與時間好好用在自己可以改善的事物上，然後在能決定的事情上用心努力。提醒自己，擁有好心情就是避免想到壞事情，或是試著不讓壞事情影響自己的好心情。有些心情學會自我消化就好，懂你的人自然懂，不想懂的人解釋再多也沒用。

很多擾人問題都是由於自己看不開；要提醒自己站在明亮的地方，黑暗的角落別待太久。記得盡量露出笑容，假如對方沒有虧待你，別哭喪著臉對人。多多善待身邊的人，因為你隨時可能需要他們的協助。掌握不了的事就別勉強了，只求問心無愧，不帶給人困擾，能夠做到這樣已經盡心盡責。人生中的那些坑坑洞洞，跨過去就沒事了。

不要把生活想像成黑洞

你用什麼樣的心態看待世界，眼前就會是什麼樣的世界。

在疫情趨緩各項生活禁令鬆綁後，許多原本不得不停下來的事情，全都開始動了起來。我也突然間變得很忙碌，公司好幾件案子如火如荼在進行著，加上日常的寫稿、錄音，還有正在學習中的課程，也有作業要寫，另外，也開始準備之前延期舉辦的演講簡報，日子過得充實卻也非常緊湊。

有一天，我忍不住發了牢騷：「好煩哦，怎麼事情這麼多？這麼忙？」話才一說出口就覺得不對，馬上自我反省。有事可忙是值得欣慰的事，幾個月之前，因為疫情讓很多事情停頓下來，生活突然陷入無事可忙的狀態，剛開始還享受著難得的輕鬆，隨著管制時間延長，內心逐漸變得不安、徬徨，期待早日可以恢復原先有事可忙、有會可約的生活。對照幾個月前的防疫管制期，現在能夠如此忙碌，還可以自由行動，應該要懂得惜福才對。

因為這一次的世界級大疫，讓我驚覺生活看起來很平和，卻比想像中脆弱，很多事物就像氣球一樣，一旦被刺了一下，就「嘭」地一聲，什麼都沒有了。我很幸運，生活只是暫時停擺而已，有些人則是從此與所愛的人天人永隔。**人總是失去後才懂得珍惜，所以要不時提醒自己，別把生活中的美好與平穩視為理所當然。即使再燦爛的陽光，也會有照不到的陰暗，我們也總會有力有未逮的時候，很多事勉強不來也改變不了。**

人的感受有時是比較出來的，現在認為的辛苦，或許不是真正的辛苦，說不定只是前陣子過得太輕鬆而已。

不要把生活想像成黑洞，充滿著未知、辛苦與不安，還有無止盡的黑暗，這樣的想法只會吞噬了自己，情緒變得越來越負面。試著把過日子想像成登山，在攀登的過程中，當然會有辛苦的時候，甚至還有身體上的痛苦，也會遭遇突如其來的環境變化，許多事情或許會因而失去掌控，可是我們心中有個明確目標就是登頂，有了目標，就可以忍受當下的辛苦，克服眼前的困難來適應周邊的環境。把這些過程轉化為讓自己成長的教材，相信只要撐過去了，就能看到一望無際、壯闊浩大的美景。

你用什麼樣的心態看待世界，眼前就會是什麼樣的世界。

當我們的心忙亂，眼前的事也會顯得忙亂；當我們不開心，眼前的一切都像是在作對。我有一些自覺，當情緒起了波動，就會提醒自己專注在某件事情裡，然後遠離那些會使情緒波動的因素或環境。當你一心一意面對眼前的事物或內心的想望，無論是多麼微小，它會形成保護心靈的氣場，當人與心處在同一個地方，煩憂會慢慢被推遠，然後阻擋在外，情緒就能開始沉澱，平靜而安穩。每件日常小事，都能成為自我療癒的練習。

之前讀到波蘭著名的登山家庫提卡（Wojciech Kurtyka）的一句話：「山岳攀登是一種承受痛苦的藝術（Alpinism is an art of suffering）」。的確，我們面對日常生活也該是如此的態度。

在生活裡，每一道難關，每一種痛苦，都像熱情的店員般，向我們介紹生命的深度與人生的無常，但多數時候，我們卻像是閃躲發傳單的人，只想匆匆繞行，不想理解。其實，可以讓自己用正向的態度去看待那些困頓的關卡，在面對之後總能得到一些什麼，這些收穫有可能會成為我們生命中的寶物。

當忙碌生活讓你陷入負面情緒時，或許你可以試著問自己：想留給你愛的人什麼？想留給這個世界什麼？為了讓自己留下什麼，那些辛苦也能咬牙撐過了。只要我們能在彼此需要的時候，給予對方一點支持、一點溫暖，力量自然就會形成了。

人的感受有時是比較出來的，現在認為的辛苦，或許不是真正的辛苦，說不定只是前陣子過得太輕鬆而已。

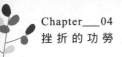

人生總有起伏，都會過去的

不需要糾結「怎麼變了」，這世界本來就一直在改變，包括我們自己，差別是在緩慢轉變，還是一夕巨變。

任誰的成長過程多少都有過各自經歷的苦，我也不例外。從小父母離異，輾轉在幾個親戚家寄人籬下，感受五味雜陳。年輕的我也曾因為失戀，當天剛好發生大地震，看著客廳上頭搖晃的吊扇，傷心欲絕地想說乾脆掉下來砸死我算了。也曾經為了憨傻的義氣，公司好一陣子無法正常發薪，自己仍繼續上班，四處借貸刷卡過生活，老闆最後選擇惡性倒閉，避居國外，而我也為此欠了許多債。

現在的我可以雲淡風輕地說起那些往事，但對當時的自己卻是晴天霹靂或咬牙苦撐。可是，等到事過境遷，那些原本是天崩地裂的大事，卻已成了不值一提的小事。

回想過往，我發現有些痛是因為自討苦吃或自以為是，也有些苦是自己無力改變的。偶爾會忍不住暗自抱怨，明明已經努力過日子了，為何總有磨人的煩事來考驗自己。後來，漸漸學會不再被負面情緒操控，想要事事如己所願，本來就是痴人說夢，能夠輕鬆獲得的，往往也不知珍惜，有些事物是別人理所當然的擁有、而我們再怎麼拚命也得不到的，但，我也一定擁有某項別人難以獲得的寶物。

遇到壞事，一定會難受，難免會埋怨，請不要任由糟糕的壞心情拖累了眼前的生活。遭受挫折時，就先停下來，然後調整心境與做法，無能為力的部分就盡量看淡，慢慢改變自己能掌控的，一切就會開始好轉。

不需要糾結「怎麼變了」，這世界本來就一直在改變，包括我們自己，差別是在緩慢轉變，還是一夕巨變。面對那些變動，我們是有選擇的，可以選擇堅持，或是選擇順應，不然也可以選擇放手給它爛。一直生氣、抱怨，難受的終究是自己。我們無法控制外界如何變動，至少可以試著選擇自己怎麼思考。

不時休息，偶爾示弱，這才是正常的生活。逞強不是堅強，能夠承認自己的不足，坦然表現出脆弱的那一面，這才是堅強，也有助於自己的心靈健康。

生活總有起伏，社會總有鬼怪，每次遇到都讓自己元氣大傷，想想還真不划算。留點心力給明天，今天也給自己一點時間與空間放鬆與冷靜。

眼前的不順心，很快就會變好，還是先照顧自己與身邊的人，做好該做的事，該休息時不勉強，情緒來時做幾下深呼吸，那些不好都會過去。默默做，慢慢走，用自己的步調，走自己的方向，**當你凝視著眼前的生活，情緒自然就能沉靜下來，有種塵埃漸漸落定的安穩**。

總會有難題出現，時而茫然，時而空虛，也時而釋懷。若一時不知道該怎麼接續下去也無妨，**人生未必要有一個正確答案，也不會只有一條路，出發後自然會抵達自己能力所及的地方**。在低潮時學會潛沉，在挫折後懂得反省，只要盡了力，之後總會有最適合我們的安排。

Chapter___05

平凡的美好

有了餘裕，我們才會懂得體會日常中的小確幸，才懂得欣賞身邊尋常的人事物，在生存的夾縫中找到容易忽略的愉悅心情。

因爲平凡踏實才能走得更遠

甘於在日常裡慢慢成長是一種成熟。成熟，是一種柔軟而不刺耳的聲音，是一種踏實而淡定的步伐。

許多人鼓勵我們要跳脫舒適圈，將自己放進陌生的環境與領域裡，用不同的挑戰讓自己獲得成長，打破既定的框架，活出豐富的人生。這樣正向積極的呼籲，令人想要跟隨、學習，卻未必適合每個人。大概是追求安穩的性格與做事習慣有計劃使然，我每天之所以努力，說穿了，就是讓自己能處在舒服自在的環境裡。既然如此，我又何苦挖洞給自己跳，進入不安與辛苦的狀態裡重新打造舒適圈呢？

確實可以在新的挑戰中獲得新的經驗與能力，可是別忘了，也有不少人在未知的冒險失足受創，從此頹靡消沉。要跳脫舒適圈接受磨練當然可以，前提是要先評估好自己是否有能耐接受失敗的打擊。

追求夢想時，不必非要用跳躍的，一步一步，在自己現有的能力範圍裡慢慢前進也可以，生命中有許多的未知是我們無論怎麼奮力跳躍都無法抵達，與其猶疑那些不確定，不如先做好眼前確定的事。我建議不用急著跳出舒適圈，而是試著把它漸漸擴大就好。能夠前進，能夠變得更好，當然是很棒的事情，但不代表非得要勉強自己，或是讓自己過得痛苦，對於有些人來說，勉強與痛苦只會令人更想逃離而已。在能力所及之處，能夠安然成長就已經很不容易了，只要有心，到哪裡都有機會慢慢成為最好的自己。

生命中有太多的空缺，很難去一一填補；也充斥著各種選項等著我們抉擇，未必都能選對，也無法事事都能克服。但日子過了便無法折返，自己能做的就是盡量踏實地過好眼前的生活，把那些遺憾與不堪留在過往，在複雜混亂的生活中慢慢篩出最真實的想法。難過的時候，提醒自己更該好好過，心安穩了，一切都會安穩了。

光是在日常裡就有許多困難與問題需要處理，真的不必逼自己去做太多勉強的事。疲累的時候就該好好休息放鬆，煩惱的時候就找人聊聊或找本書讀，慌亂的時候記得提醒自己慢下來做幾次深呼吸，難過的時候告訴自己：「都會過去的」。

我們常忘了，想要在人生的道路走得久、走得遠，心是指引，安穩好擺盪的內心才有能力面對外頭的喧囂。許多人的痛苦，都是從放任他人消耗自己開始；而許多人的過不去，都是因為自己拚命想要跨過去，然而並不見得我們非得要跨過去，人生才過得下去。

甘於在日常裡慢慢成長是一種成熟。成熟，是一種柔軟而不刺耳的聲音，是一種踏實而淡定的步伐。**人需要夢想，讓自己有前進的方向。但，不能空有夢想，必須認真地直面生活，才能穩步前進。**每個人做好自己能做到的，一切自然會越來越好。然後，有餘裕時，不吝伸出手給需要的人，在遭受困境時，也會有人願意伸手拉我們一把。未必非要成為一個挑戰未知、挑戰極限的人，你可以只做一個適合自己樣貌的人。

不推諉，不欺善，做一個正直的人；不掛心，不糾結，做一個自在的人；不比較，不自卑，做一個知足的人；不空虛，不貧乏，做一個豐富的人。這樣已是了不起的成就了。

一直增加沒有意義，人生要懂得減少

增加了什麼，同時也可能失去了什麼。增加會讓自己背負越來越多的包袱，如果懂得減少負擔，生活就可以不會被太多雜務干擾，過得更有效率、更輕鬆。

我們總習慣將人生過程每十年畫一條線，像時鐘一樣，分成固定的刻度，這樣可以依著刻度設定自己的目標，像是二十歲要怎麼樣，三十歲應該做到什麼，然後順著一個階段再到下一個階段去努力達成。大部分的人對於每個階段的自己都有一點期許、一點想像，與一點不安。期待進入下個階段的自己，能夠比現在的更好，過上還不錯的生活，雖然隱約對未知的將來懷抱著一點擔憂，不過，認真的人會覺得自己應該做好準備，因應日後的各種轉變。

曾有讀者詢問我三十歲後的生活會有什麼不同？對人對事的心態又會有什麼改變？我想，多數人都認為走到三十歲的刻度，是人生中相當重要的階段，於是努力在這個時期做出成績，期望替未來打下基礎。

三十歲確實重要，但，現在的我會覺得不止三十歲，而是每個階段都很重要。偶爾回想十幾歲、二十幾歲與三十幾歲的自己，有著各自不同的遺憾與追悔，卻也有值得開心與欣慰的時候。能夠積極面對自己的生活，替每個階段設定目標，然後盡力完成，這樣的態度當然值得讚賞，**若是執拗在幾歲必須達成什麼樣的成績，大可不必。我反倒認為以年為單位，替自己規劃好每年要完成些什麼，這樣更為踏實。**

年近半百，回首三十歲時，我可能會建議那時的自己不要追求增加，而要懂得減少，凡事都是一體兩面，增加了什麼，同時也可能失去了什麼。增加會讓自己背負越來越多的包袱，如果懂得減少負擔，生活就可以不會被太多雜務干擾，過得更有效率、更輕鬆。我整理了過去寫過的內容，列出幾個重點用來提醒自己，到底在生活中應該減少一些什麼。

減少不重要的人

我們的時間與心力有限，真的不要浪費在那些對自己的生活沒幫助、甚至不把你放在心上的人。減少與不合適、不重要的人往來，並不是說要對自己有幫助才願意交往，而是要排除那些會干擾你變好、甚至拖累你的人。這樣一來，你的精神與時間只會專注在日常上，就能過得更平靜、也更自在。

還是要再強調一次：多愛自己，好好照顧自己的心。與其等待別人對你好，不如你來對自己好。你不愛自己，又會有誰來愛你？每天都好好打扮、好好犒賞努力過後的自己，這才是最值得花時間與心力的事。

減少無謂的花費

盡早學習規劃自己的財務，為自己的將來打算，減少一些無謂的花費，例如不追求最新、最流行的商品，選擇真正符合需求的東西，或是消費之前先靜下心思考，要購買的東西是真正用得到的嗎？還是因為優惠打折很划算就想買？

把手頭寬裕的錢存起來，用穩定、長久的投資規劃，例如買基金、ETF，選擇適合自己的投資商品。透過這些早期的財務規劃，在面對年老的生活才不會憂心忡忡。記住，別再亂花錢，不要打腫臉充胖子，我們的價值不是光靠錢堆積起來的，靠的是你的能力與品德。

減少不必要的應酬

或許很多人會說參加應酬或派對，是為了拓展人脈與社交圈，對自己的事業與未來發展有幫助。可是我希望經常參加交際應酬的人可以仔細評估效益如何？有因為這些活動而獲得什麼樣的發展，或是增加了很多賺錢機會嗎？真的值得自己花費時間與金錢嗎？

我覺得與其花費太多時間與金錢，讓自己喝得很醉，玩得很累，搞得沒精神好好做正事，倒不如把那些時間用來陪伴家人，與相知相惜的好友相聚，或是看書、上課，不然用來睡覺都還比較划算。

減少沒有幫助的情緒

盡量別讓自己經常陷入不開心的情緒裡。我常說用不好的心情，就會做出不好的成果。不和自己過不去，很多事情自然會過去。如果你時常在眾人面前發脾氣，不只影響周遭的氣氛，也會影響別人對你的評價，因為那是非常不成熟的表現，對事情也沒有任何好處。

不要浪費時間在生氣與批評，適度的發洩有益健康，但過度的發洩情緒則會破壞人際關係，學習轉念與感謝，生活會過得比較舒坦。

減少造成負擔的飲食

要懂得健康的重要，沒了健康，什麼理想、幸福、快樂都免談。為了保持健康，除了要養成適當的運動習慣，飲食也要開始調整，把過去重油、重鹹、多肉少蔬果、暴飲暴食的習慣改掉，多喝水、多吃蔬果、少吃油脂、少鹽少糖，然後不要吃得太飽。

或許有人覺得吃那麼清淡，生活怎麼還有樂趣？我以前也是這麼想，但習慣就好，我戒了菸、盡量吃不造成身體負擔的飲食，並不覺得生活沒了樂趣，偶爾還是會吃炸雞、鹹酥雞，當成完成某個目標後的獎勵，而且吃的時候覺得特別幸福啊！**減少，絕對是我們越早領悟越好的人生態度。**把生活裡那些複雜的、麻煩的，還有會干擾的人事物都盡量減少，安穩就好，平凡就好，然後慢慢變好。

學習像貓一樣生活

獨處與孤獨是不同的，孤獨是即使身邊有人陪伴，仍會有獨自一人的不適感，但獨處卻是可以透過調整心態而轉化為成長的一種狀態。

我自認為很適合宅在家，很能享受長時間待在家裡的生活，但臺灣在疫情嚴峻時，政府發布了防疫警戒三級，要求大家自肅居家、遠距工作，減少外出，就這樣持續了一段不算短的日子。老實說，我出現了躁動的情緒，雖然不致於想要到處跑，但已經快無法承受完全不出門的生活，只是每隔一兩天到巷口的便利超商買個東西，都能讓我的心情愉快得要命。真的是要實際體驗過了，才能明白過去的日常原來是多麼地幸福。

家裡有兩隻貓咪，是一對從中途之家領回的母女，因為是玳瑁的毛色，我很隨性地就替她們取名，媽媽叫「玳玳」，女兒叫「瑁瑁」。

每天早晨寫稿時，玳玳總會趴在筆電旁靜靜地陪著我，時而看著窗外發怔，時而趴在桌上小憩，偶爾無聊時就會來蹭蹭筆電討摸。好好地摸摸、拍拍幾下，她就心滿意足地趴下來陪我工作。而女兒瑁瑁不像媽媽那麼黏人、愛撒嬌，總是跟我們保持著社交距離，只要能看到人就好，只有人在廚房的時候才會走來又喵又蹭，因為想要討點心吃。我常笑她是「心裡有洞」，才會無時無刻想要吃東西。

看著兩隻貓咪，發現她們才是宅在家的高手。可以什麼事都不做，靜靜呆坐在地許久，看到飛進家裡的小飛蟲就能開心又興奮地追著跑，不然就是慵懶自在的理理毛，想要活動時就跑去抓抓貓抓板，順道伸展筋骨，或者母女倆玩起你追我跑的遊戲，很能自得其樂。

我一直覺得自己的個性像貓，不習慣人多的場合，也不喜歡頻繁的社交活動，寧願一個人安靜地做著自己想做的事。明明喜歡獨處，卻因為疫情警戒待在家一段時間就感到難受，怎麼好意思說自己是個享受孤獨的人呢？或許是受到每日疫情訊息的影響，生活多了不確定性，心情才變得容易浮動吧？

後來發現，**貓能夠自得其樂的原因，或許在於他們做一件事情時總是非常專注，因為所有的注意力只放在眼前的事情上，就不會被其他事情影響情緒。**而且單純享受當下正在做的事，無論是發呆還是玩樂，都能專心而自在。

在那段居家自肅的期間，我調整了生活步調，不讓自己關注太多新聞資訊，減少對心情的影響。妥善安排每天的作息，維持平時的生活習慣，保持規律的節奏。起床梳洗後，是冥想練習的時間，接著閱讀或是寫稿，跟著APP程式做點運動，吃完早餐後，煮杯咖啡，然後開始處理工作，偶爾開線上會議，有時間就看看線上課程。

我盡量讓日子過得充實，讓生活有點儀式感。當內心只思考眼前正在做的事情，情緒便不再躁動，又能重新享受獨處的居家時光了。

不必害怕獨處。獨處與孤獨是不同的，孤獨是即使身邊有人陪伴，仍會有獨自一人的不適感，但獨處卻是可以透過調整心態而轉化為成長的一種狀態。

對我來說，**與人相處有時是磨練也是學習，與自己相處則是充電與思考的機會**。在獨處時，我們才能真正不必顧慮他人，可以自己做選擇，去做想要做的事，做喜歡的事，做對自己有益的事。別把獨處視為痛苦或是浪費光陰，想要有所成長，都是必須要一個人潛心學習才會有效果。

願在那些需要獨處的時刻，我們都可以活得像貓一樣，專注而自在，平淡卻充實。

當內心只思考眼前正在做的事情，情緒便不再躁動，
又能重新享受獨處的居家時光了。

不甘平凡才會痛苦

羨慕與追求，從正面積極的方向發展，那也是一種讓自己成長的助力，不過，通常會往負面發展，讓自己過得不快樂，甚至變得憤世嫉俗。

我跟許多人一樣，搭計程車時不會主動與司機攀談，也不喜歡司機與我聊天。對我來說，在繁忙的工作行程中，搭車移動時，可以用來回覆信件、準備資料，也是可以暫時閉目休息的空檔，或是靜心思考的時刻。有些工作想法與寫作靈感就是在車上迸發出來，所以並不想在搭車的時刻被打擾。

不過，多年前遇過一位讓我印象深刻的司機大哥，那是難得我主動找司機聊天的經驗。

那位司機大哥年約五十多歲，戴著金邊眼鏡，梳著整齊的西裝頭，身上的襯衫熨燙得直挺挺，長相斯文帶著書卷氣，態度客氣有禮，卻能感覺到一股自信的傲氣。最讓我吃驚的是，恰巧有外國觀光客向司機大哥問路，他以一口流利的英語回覆，展現出我完全自嘆弗如的英語對話能力。於是對司機大哥的背景產生好奇，忍不住找他閒聊。

「大哥，你的英文講得好棒，是出國留學過嗎？」

「我沒出國留學啦，不過，在讀書時就特別對英文下功夫，大學畢業時還去考托福，分數考得不低哦！」

「好厲害，人家說學外語若不常講容易生疏，會忘記怎麼講，大哥講起來還是很流利！」

「還好啦，我之前開公司，有不少歐美客戶，經常需要用英語談生意。」

話題聊開後，司機大哥跟我說起自己動盪起伏的人生。他出社會後當了幾年上班族，後來跟朋友合夥開了餐廳，生意很好，沒多久又開了不少分店，就在賺錢的時候，卻被朋友使計將他一腳踢開。對於朋友的背叛難免灰心，但他不服輸，幸好還有經營餐廳的經驗與人脈，於是他又找到合夥人，開了銷售食材的公司，專門供應海產與肉品給餐廳，經營非常成功。經過幾年的努力後，營業額還到了上億元的規模，但與股東對公司發展理念不合，他又被趕出公司。有了兩次與他人合夥的失敗經驗，他決定獨資開了一間貿易公司，進口各國的香料與食材，這次依然賺了不少錢，卻因為自己投資判斷錯誤，加上遇到了全球金融風暴，不只賠光了財產，還欠了不少債，所以開始跑計程車維生還債。

「放心，大丈夫能屈能伸，撐過這一段低潮，我一定可以東山再起！」

當時聽司機大哥說這句話時，大概是因為他談吐間所流露出來的人格特質，我並不覺得他在痴人說夢，真心相信他能夠東山再起。

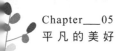

就像美國石油大王洛克菲勒（John Davison Rockefeller）說過的豪氣名言：「如果把我身上的衣服全剝光、一點錢都不剩，再扔到荒無人煙的沙漠，只要有一支商隊經過，我還是會成為億萬富翁！」

不可否認，有些人即使遇到巨大的失敗，憑藉著肯吃苦、韌性強的性格，或是在某方面擁有比其他人更優秀的能力，只要有機會，他還是能捲土重來。但，擁有這麼強大的性格與才能的人肯定是鳳毛麟角，絕大多數人並沒有那樣強悍的特質，也未必適合過那種波瀾萬丈的生活。

偶爾會聽人抱怨，自己懷才不遇、有志難伸，或是羨慕某些人擁有財富、名聲，這樣的想法不見得全然不好，若以正面積極的方向發展，那也是一種讓自己成長的助力，可惜，大多都是往負面發展，讓自己過得不快樂，甚至變得憤世嫉俗。

我覺得會讓生活過得最不開心、也是最難改變的，就是能力平凡卻又不甘平凡。

就像日劇《四重奏》有一段令人省思的話：「能夠好好回應客人的工作，是一流的人才，全力以赴的工作就是二流的人才，像我們的這種三流的人才，只要能輕鬆愉快的完成工作就好了。有志向的三流，那就是四流了。」這段話雖然殘酷，卻點出了能力平凡卻不甘平凡的人只會讓自己更痛苦的現實。

一個人很會彈吉他，不等於對鋼琴也拿手；可以衝出好業績，卻未必能做個好主管；我會寫文章，卻不一定寫得出長篇小說。**不是要我們畫地自**

限，**而是要有一點自知之明，當然可以嘗試自己的能耐到哪裡，但要知道自己在某方面不夠好，才會懂得不要好高騖遠。做自己能做得到的、做得好的，這樣才是真正不愧對自己。**

追求不凡的人生，當然是了不起的志向，如果你有一雙翅膀，有機會就該飛得又高又遠。但，假使你是隻貓，那就別奢望可以飛翔，就算無法飛，還有很多可以做的事，善用自己的優勢，享受適合自己的生活，這樣既務實也比較容易得到快樂。

坦然面對自己的平凡，日子自然就不會過得痛苦。**甘於平凡未必就是不知長進，而是與其追求不切實際的事物，不如好好掌握自己能夠做得到的，那才是自己該努力的目標。**當一個人能夠放下、不求超過自己不該求的事情，那才是最強大、最自在的時候。

不過分勉強，是我們該好好練習的

當你確信所做的事或所說的話是對得起自己的，就沒有必要為了他人的作為，而讓自己陷在難過的情緒裡。

大部分的人都希望自己能被人喜愛、受人歡迎，當然也有些人單純希望只要有認同自己的朋友就好。你或許為了變得有魅力、風趣幽默，因而認真讀了很多笑話、觀看網路影片或電視節目參考人家如何說話應對；你也許曾經努力融入社交圈，隱藏自己的尷尬與不自在，盡量表現友善、幽默。你真心付出，對人很好，好到幾乎是在討好。可惜，更多的時候，你的真心誠意卻被別人當成了虛情假意，你的努力討好卻換來了別人的不屑一顧。會有這樣的結果可能出自不同的理由，比方說話不投機，也許是溝通產生了誤會，要不純粹就是討厭你這個人。

不被人喜歡或讓人誤會，甚至遭人中傷，難免你會覺得委屈、心有不甘。但，人生在世，本來就無法事事如意、無法人人滿意。我們所做的每件事、所說的每句話，沒辦法讓每個人都認可，而且你只有一個人，也無法去迎合所有人，說不定十人中就有兩三個人對你反感。甚至，你即使不主動去招惹別人，別人也會認為你惹到他，莫名被人討厭。無奈的是，我們不能勉強別人接受、喜歡自己，他們擁有選擇的自由。同樣地，你也可以選擇讓自己開心舒服的交友方式，社交往來不一定非要交心，至少可以做到不交惡，無需過分討好，只要坦誠相待就好。

會喜歡你的，就會喜歡你，不喜歡你的，再付出、再討好也很難變得喜歡你。很多事情不能勉強，也不該逞強，交朋友就是其中之一。我們能做的，就是保持善意與真誠對待，別人會不會喜歡自己，只能隨緣，只求別讓自己討厭自己。

我們都期望擁有自在愉快的生活，別過分勉強自己就是主要關鍵。無能為力的事就別糾結，無法認同的事就別去做，無關緊要的事就別操心。若要追求自我成長或是改變現狀，因而想要跳出舒適圈，但前提是那個挑戰在你能力所及、性格符合，價值認同的情形下，即使有點辛苦、有些不自在，你也會試著克服，才有機會持續做下去，直到達成目標。過分勉強只會適得其反，因為容易受挫反而會讓自己更抗拒去做那些事。

在人際關係中勉強自己，也會有點自討苦吃。因為有些人就是討厭你，即使做的再多、溝通再頻繁，他們也不會改變對你的看法；有些人說話就是不中聽，就算沒有惡意，那些話進到耳裡也很難當成好意。既然你沒辦法控制別人的思考邏輯與說話方式，至少可以轉念自己的想法與情緒，調適與他人交流的心態，不過分期待良好的結果，找到排解負面情緒的有效方法。當你確信所做的事或所說的話是對得起自己的，就沒有必要為了他人的作為，而讓自己陷在難過的情緒裡。

無論是哪一段關係都一樣，我們是為了讓生活更為美好，才需要與人情感交流，若是因為與人情感交流而搗亂了原有平靜生活，你要知道該如何取捨。

用盡力氣去討好或討厭，都是傷神累人的事，不如將心力保留給自己，選擇適合自己的角色好好度日。盡量保持友善的態度待人，至於他人是否喜歡自己，也顯得不重要了。重要的是，你要喜歡自己、認同自己。讓生活盡量過得平淡，少操煩，少掛念，其實是一種能力，也是一種福氣。願你不再勉強，找到真正適合自己的生活方式。

別只喜歡晴天，連雨天都要接受

有時候，會絆住自己的事物，並不是多麼重大，往往都是日常細碎的小事。

這些日子經常下著大雨，像是把積了整座天空的水全都傾倒下來，雨勢滂沱，讓人幾乎看不清眼前的路，出門撐傘依然會半身濕。也因為下雨，有些不是那麼急迫或必要的行程，不是取消，就是延後，連想外出走走與逛街購物的念頭也一併打消了。

有時候，會絆住自己的事物，並不是多麼重大，往往都是日常細碎的小事。

雖然下雨外出會不太方便，不過我仍然喜歡雨天。似乎多數人都不愛雨天，曾經讀過「雨天為何讓人心情不好」這種討論心理的文章，根據研究報告所示，有些人會因為無法外出而感到煩躁，有些人會因為濕度變高，專注力降低且變得嗜睡，雨對每個人的影響不盡相同。我倒覺得雨天待在屋內挺舒服的，聽著外頭淅瀝嘩啦的大雨聲，還有雨水打在屋簷滴滴答答的聲響，對我來說，那是療癒身心的生活片段，不知為何，反而能讓我在工作或寫作時更專注、更有效率。

我喜歡剛下完大雨後的街景，有煥然一新的感覺，彷彿所有的朦朧、所有的髒污，全都被大雨沖刷洗滌過。而夏季的高溫酷暑也會因為大雨，讓窒息的悶熱得以暫時散去，變得稍微舒適一些。

我們的心情並不被遙遠的天上所左右，而是在自己身上，端看我們將雨當成福還是災，又或只是單純的日常。如果想要活著從容自在，不能只喜歡晴天，連雨天都要接受。就算是被大雨淋濕，我們依舊可以展現笑容，輕輕微笑、靜靜獨處，細細思索，都能讓自己眼前的世界煥然一新。

生活中許多風雨都是「人」帶來的，別忘了，成長就是一個人的旅程。有人陪伴，是幸運。有人離開，也只是還給我們原本獨自一個人的狀態。不必急著擁抱外面的世界，即使被阻隔在外，也要先將自己內在的世界整理好，當我們身處的所在不再混亂，自然可以感到舒服自在。暫時獨處，也能怡然自得。

平凡與不平凡，就在一念之間，有人說生活是一汪安靜的清湖，如果想弄點漣漪，自己就去當那枚石子。沒有人能一直過得平順，無風又無雨，但若真的過得如此安穩平靜，是否又會想追求刺激呢？下雨天，或許是一個很棒的潛沉時刻，好好感受，好好思考。任何人都希望自己能擁有平安愉悅的日常，不過，生活偶爾還是會出現無常點綴，也要把無常活成日常，而這是我正在學習的目標。

我們嚮往陽光，追尋陽光，但也有人對於處在陽光底下感到難受，盼望能找個陰暗的角落躲避、休息。有時陽光的熾烈，會令人懂得林蔭的美好。任何事物都有不同面向，雨天也有它的優點，凡事都該適當，不能過頭，想要成為盛開的花朵，也要適量的雨水與陽光，種子才能慢慢發芽。

願我們無論晴雨，都能安然度過。

變好，而不是變得有壓力

生活就像是一條線，我們該讓它保持著彈性，不該一直處於緋緊的狀態，這樣很容易就斷掉。

生活不容易，又想要讓自己在各方面越來越好，不自覺壓力就此產生，忍不住與其他人比較，擔心自己跟不上別人的步伐，對蝸步前行的現況感到焦慮，對未知的將來感到迷惘，於是有些人認為自己的每一天都是在消耗而自我放棄，也有些人覺得要加倍努力到像是在懲罰自己。

想要成長，想要變好，那是對自己的期許，也能為人生賦予不同的意義，讓生活可以過得篤定踏實。相對地，沒有人是事事全能，任誰都有自己的極限，終會出現力有未逮的時候，這時我們想要不斷變好的期望，就像是不停傾倒在你肩上的砂石，越來越沉重，最後壓垮了自己。

所謂的**「讓自己越來越好」**，並不是不顧一切地衝刺，或非要像苦行僧般讓自己承受痛苦，反而是在遇到瓶頸或面臨極限時懂得放慢腳步。生活就像是一條線，我們該讓它保持著彈性，不該一直處於繃緊的狀態，這樣很容易就斷掉。

想讓自己越來越好，就要學會「善待自己」。善待，不是說要花很多錢犒賞自己，而是學會不逞強，理解內心的情緒，適時放鬆，讓情緒找到排解的出口。感到疲累的時候就休息，感到焦慮的時候找人聊聊，感到迷惘的時候可以找書來讀，感到慌亂的時候就提醒自己做幾次深呼吸。

我們經常會忘了，變好是為了什麼，如果會讓自己痛苦，會讓自己抑鬱，那就失去了意義。無論是遇到多麼困難的事，身處在多麼冷漠的環境，都要給自己最溫柔的支持，安撫躁動的情緒，內心平靜才能抵抗外頭的喧囂。

善待自己不只是一種心態，也是一種讓自己越來越好的訣竅。

在不擅長的事情上不會一直為難自己，而是把擅長的事情做到出類拔萃，盡量去做自己喜歡的事，因為明白做喜歡的事情才會把成績做到最好。然後懂得投資自己，不只是去學習新知與專業，也會懂得學習打扮與穿搭，將住處佈置得簡單而舒適，讓自己的生活過得有質感，時常讀書，讓自己的內涵充實、外在自信，這樣的你與人交流時將更有底氣。

生活總有高低起伏，情緒也像季節更迭，偶爾我們會在一些不重要的小事上莫名氣憤，在一些熱鬧喧嘩的場合裡感到無比寂寞，或是在某些應該認真努力的時候卻倦怠不已。

人就是這樣，有時候明明覺得自己沒受傷，卻突然像是重傷痛到快要站不起來。

為了別讓討厭的人看輕，為了別讓愛你的人擔心，你花了很大很大的力氣才能讓自己看起來好好的。沒事的，覺得低潮或疲憊的時候就告訴自己：「一切都會過去的」，這些狀態就像罹患一場重感冒，總會莫名其妙就染上，有時候嚴重，有時候輕微，但只要適度休息，總會痊癒的。

要記得，**我們都是平凡人，不是鋼鐵人，更不是無敵鐵金剛，讓自己進步，讓生活變好，但不要逼迫自己硬是跟上別人的腳步，更不必非要做得極致才行。**

想要變好，是一種決心，可是也要明白有些事無法做到，而且要有自信，就算一時沒做到也不會一蹶不振，因為我們會從過程中學習與成長。讓自己越來越好，不只是在能力上，更要在心靈上強壯，那是必須認真鑽研的功課。

想要成長，想要變好，那是對自己的期許，也能為人生賦予不同的意義，讓生活可以過得篤定踏實。

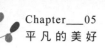

你值得，才會獲得

勇敢承認自己的不足，也要大方接受別人的讚美，這是一種尊重，不只是對他人的尊重，也是對自我的肯定。

許多人會認為自己不夠好，例如能力不好、長相不好或是家世不好，好像沒有什麼值得別人欣賞或喜歡的地方，只要碰到有人讚美、看重或是示好，反而會自動退縮、逃避與不敢接受。過去的我，也是這樣容易感到自卑，認為自己有很多比別人差勁或缺失的地方，像是沒有完整的家庭、長相不好看、頭腦反應不夠好等，因此，我總會先設下一道無形的護城河，無法坦然接受別人的稱讚，也不輕易敞開心扉與人交流，害怕換來不好的結果。

有些人的自卑，並不是表現出逃避或封閉自己，反而是想要爭奪很多事情、喜歡計較得失，或是拚了命希望可以凌駕於他人之上。雖然可以是推動向上的力量，但想要壓過別人的競爭意識，不僅造成他人的壓力，還會使得彼此難以相處，以為是在展現自己，結果變成在傷害自己。一個人的自卑感，一旦過於巨大，在擔心被人看輕而想自我證明時，反而變成咄咄逼人的自大。

人性是複雜的，相似的心理反應，展現出來的言行模式卻未必相似。有些人看不見自己的缺點，但有一些人則是覺得自己總不如人。於是，有人努力展現所有優點，想要讓別人都只看到自己特別之處，希望很多方面都要比別人強；而有些人則選擇行事低調，不想被關注，盡量去迎合別人的想法，避免透露真正的自我。兩者看似不同，其實都是偽裝，因為覺得真實的自己很差勁、不值得被喜歡，或是擔心敞開心扉後會遭受到傷害。

我就是屬於自卑而自動設下護城河的人，即使透過閱讀、學習心理學的知識和紫微斗數的學理，努力探索自己的內心感受，慢慢意識到問題的根本，並且調整思考的角度，然後試著打開封閉的心門。即使到現在，我仍然不習慣他人的讚賞與示好，還是要不時提醒自己：我已經很好了，要感謝別人給予的善意，要接受他人的讚賞。

一個人會想要逃避、爭奪、計較或是沒自信，往往是因為內心深處的自我設限，不妨找出讓自己不安的原因，那種束縛就會被解放。如果你也有這樣的困擾，請時時告訴自己：「我夠好了，不要與他人比較，只要明白自己持續在進步就好。」

學習對於做得好與做不到的事情都能坦然面對，勇敢承認自己的不足，也要大方接受別人的讚美，這是一種尊重，不只是對他人的尊重，也是對自我的肯定。雖然過去有著很多不成熟的部分，但經過歲月的打磨後，慢慢會生成另一種模樣。

隨著每一段的潮起潮落與人來人去，有的人長出風度，有的人生出幹練，也有人養出志氣，每個人都能在這段過程中體悟到什麼、累積點什麼，這些都是讓自己更好的能量。**拋開深植在腦中「不夠好、配不上」的桎梏。事實上，任何在你身邊出現的，都是因為你值得才會來到。不必妄自菲薄，通常是你變好了，圍繞在你身邊的一切也會跟著變好。**

即使我們不突出，但也有被人需要的時候，不必與他人比較，不要想著討好每個人，只要有一點點的變好，就值得被肯定，安然地面對自己。我們本該好好善待自己，因為沒有人有義務對你好，但我們有義務要對自己好一點。縱使偶爾會受到某人的冷言冷語或是貶抑嘲笑，那未必是我們不好，說不定是他的內心有問題，而且我們的好也不需要別人肯定才能成立。**越是回想那些糟糕的人事物，只會讓心情與生活更糟糕。**多做幾次深呼吸或是暫離現況一陣子，待心情平靜下來，自然能夠體會存在我們身邊各式各樣的小小美好與幸運。

人生再怎麼平凡，仍有值得被讚美的地方，與其糾結在無法改變的過去，與其關注於難以扭轉的缺憾，不如好好欣賞自己不斷進步的努力，並且珍惜自己擁有的一切。**每一口呼吸，都是新鮮的氧氣，每一個當下，即是全新的自己。**

有時，思緒仍會不小心卡在過去自己貼在心裡的標籤。不必拚了命去克服，接受現狀，做好該做的，只要有心，老天自然會給予祝福，我相信標籤可以自己貼上，當然也可以自己撕下。我們沒有多餘的時間與額外的心力，不要糾結在過去與不懂自己的人身上，盡量用在生活中的吉光片羽，盡量用在讓自己開心的人事物上吧！

有些時候，你會感覺自己明明拚了命埋頭向前衝，抬起頭卻發現還是在原地踏步，別灰心，這段時間的努力並沒有白費，那些會儲存在生活的縫隙裡，在將來某個關鍵時刻兌現，成為我們生命的一部分。

回想這一路，辛苦有時，徬徨有時，但還是小心謹慎走過來了，有人甚至變得越來越好。願日後我們都能記得感恩，選擇相信，懂得勇敢。因為經歷過很多事，讓自己成熟、茁壯，所以我們值得，也才有將來的獲得。

獨特與平實都很好

與其追逐別人眼中那顆明亮的流星，不如看顧好自己身邊那盞溫柔的燈火，不必非得成為另一個模樣，只要好好接受自己原本的模樣。

社會環境一旦有了變化，我們某些價值觀也會隨之轉變。印象中，小時候所接收的觀念是，尋求安定、守紀律與一視同仁，而現在的社會則是推崇創新、獨特性與跳出框架。過去大家都企盼有一份穩定的工作，例如可以進入公部門或大企業待到退休，覺得那是最好的選擇；隨著環境變遷，現在大家的工作形態變得更加多元，有越來越多個人工作者，在政府鼓勵與補助下，也出現許多的新創產業。

原先倡導的平實而安穩不再是社會的主流價值，會吸引眾人目光的，盡是那些獨樹一幟的與懂得行銷自己的，甚至是譁眾取寵的，身邊圍繞著欣賞他們的人，擁有許多粉絲，也相對取得較多的資源，漸漸地，也有越來越多人試著做出改變，希望跟上潮流，不想被淘汰。

有人開始拚命找自己特別突出之處，卻發現一無所獲，覺得自己不上不下，沒有與眾不同的光彩奪目，也沒有鶴立雞群的過人才華，於是開始責怪自己的平凡，心情越來越低落，對自己的信心也逐漸消失。

實際上，我們不需要被社會主流價值所綁架。在重視安穩而守紀律的環境下，你仍然可以勇於突破、發揮創意；在鼓勵展現自我、突顯獨特性的氛圍下，你仍然可以保持低調、追求平實與安穩。

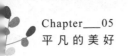

最重要的是，你要知道自己適合什麼、想要什麼樣的生活。

不凡的舞步能夠獲得欽佩的眼光，平凡的腳步也可以踏上美好的旅程。

一直關注著自己缺少的，一直想挖掘出自己獨特之處，希望能成為閃亮一顆星，但一心想跟上潮流的你是否也把自己侷限了？然而，你並不必特別與突出才叫做好。拚命尋找自己能夠被人注意的地方，卻忽略了自身原有的價值，那是本末倒置。縱使平凡，毫無特色，絕對也有存在的意義與價值。

與其追逐別人眼中那顆明亮的流星，不如看顧好自己身邊那盞溫柔的燈火，不必非得成為另一個模樣，只要好好接受自己原本的模樣。我們本來就不可能面面俱到，也沒辦法事事拿手，老鷹可以在天空遨遊，卻無法在大海中悠游，不要把自己做不到、做不好的當成是缺陷，也不該把別人的強項當成非要追上的目標。比較，就是拿別人的標準來懲罰自己。

有句話是這樣說的：一個人的快樂與滿足，不是因為他得到的多，而是因為他計較的少。

每個人都有他能做的事、該做的事，這個世界充斥著不公平，有些人天生就具備優越條件，不做什麼就成為了眾人焦點。我們當然可以試著改變、試著爭取，否則就是接受，接受自己的不完美，然後做好自己能做的事，發揮自己擅長的才能。如果一直比較，一直羨妒，那是在為難自己，徒增痛苦而已。

失去了或得不到當然難過，但更讓人難過的是，擁有後並不快樂。

不可否認，有些人具備了獨特的才華與容易吸引眾人目光的特質，因而獲得名利，但他們未必過得比其他人快樂，比方說受人歡迎的明星與網紅，還必須承受著各種流言蜚語、網路上的惡意攻擊。我們得到某些事物，同時也會失去其他東西，那是必須支出的代價。

無論是希望安穩還是追求獨特，選項並沒有對錯，而是要問自己，是否為內心想要的，還是渴望從別人身上獲得認可？如果你是希望被認可，要注意「渴望被認可」就像是纏繞不斷的咒語，束縛了你的人生，因為你的快樂與成功也都需要被他人認可，被爸媽認可，被老師認可，被朋友認可，被主管同事認可，因為太想從他們身上獲得愛、自信與目標，明明是自己的人生卻像是為他人而活。你的人生一直繞著別人轉，而彷彿沒有結束的盡頭，因為別人的期待與需求一直存在著，你永遠都滿足不完。

被讚賞或被認可，在我們成長時對於發展自信與自尊是不可缺的，能感受到自己是被愛的、被需要的、是很優秀的，同時也是驅動進取心及自我價值的能量。可是一旦習慣了以被讚賞或被認可作為前進的動力，即使得到了成長的一時愉悅，可能得不到真正的快樂與滿足，因為完成的目標只是為了他人的眼光，未必是內心真實的想望。

無論是希望安穩或追求獨特都可以，不管是不凡或平凡都很好。**最重要**

的是，不要把自己打理成別人會喜歡的模樣，就算是看起來遊刃有餘，那也沒有意義，我們往往會陷在那個模樣裡不停地掙扎與矛盾。

如果可以，請好好梳理一下內心，試著找出自己真正想要的樣子，我們最該先認可自己。

假使你擁有出眾的才能，又能在與眾星拱月之中，得到自我價值的滿足，那是你獨特的天分。擁有翅膀就要飛得又高又遠，可能必須面對紛擾的喧囂嘈雜，也更容易遭遇急風驟雨，但或許是不凡之人都得經歷這般試煉，才能站在頂峰眺望美好壯闊的風光，而那些冷嘲熱諷與流言蜚語都只是在你飛向天際時的微弱雜音罷了。

假使你樂於平凡而安穩，在踏實的生活裡能找到自己想要的心安理得，也就不必勉強自己要登上頂峰，有自知之明、還能理解自己的需求與能耐，這就是一種難得且不凡的才能了。

知道自己的能力極限，然後做到不強求、不比較與不卑微，無須任何人認可，也不用向誰交代，只喜歡這樣的自己，這是擁有愉悅健康的心靈最基本也最可貴的態度。

無法成就不凡，你也能把握住平實的幸福；就算不能展翅高飛，你也能享受翩翩起舞的快樂。

一旦習慣了以被讚賞或被認可作為前進的動力，即使得到了成長的一時愉悅，可能得不到真正的快樂與滿足，因為完成的目標只是為了他人的眼光，未必是內心真實的想望。

好好活著就是一種意義

在想要慢下來的時候就緩緩散步，在想要遠離人群的時候就一個人過好，在想要留白的時候不必非得填滿，只要能真切地喜歡現在的自己，什麼樣的日子都不算虛度。

回顧自己至今的人生大抵是崎嶇的，沒有舉棋若定，也沒有仙人指路，老天總給我各種考驗。開局的轉蛋運氣不好，比一般人來得辛苦，一路上也收穫不少糟糕的事物，必須得耗盡心思努力改善；或是給了我選擇的機會，卻沒有仔細看待，幾乎沒有選對。

也許不少人看現在的我是平順安穩的，事實上不見得如此，依舊要花費很多心力去處理生活中的各種稜稜角角，也要不時思考下個階段該怎麼走，說穿了，每個人都有自己的問題與關卡要去面對，只是外人未必理解。我的生活真的變好了嗎？只能說是過去很努力的改善而點滴累積的，慢慢讓我有一點能夠應付風雨的基底，開始懂得用平靜的態度去看待日常的高低起伏。

許多人覺得自己運氣不好，不被老天眷顧，所以不斷怨天尤人，更有些人乾脆選擇擺爛，放棄了自己的人生。的確，人生開局轉蛋結果不好，往往過得比較辛苦，但還是可以選擇該怎麼過後續的日子。我也在思考，一個人際運不好，是不是因為有些地方還不夠好呢？也許是能力不夠或個性不好，如果想要改變往後的命運，或許要先有決心改變自己。總是要先盡力改善過，再來怪罪命運吧？先讓自己越來越好，我相信運氣也會越來越好，抽到壞牌，也能用好技巧扭轉結局。

「只要好好活著就是一種意義」我現在已經學會用這樣的態度來看待自己的生活了。誰的人生沒有磕磕碰碰？不管是順遂，還是波折，可能被人喜愛，抑或是遭人討厭，太陽依舊有升有落，月亮也時圓時缺。最重要的是，我們怎麼面對生活，如何對待自己。

我們總是花時間看著自己的小缺點，覺得沮喪，感到自卑，實際上根本沒有想像中那麼差，一定存在著不少優點，還有尚未發現的可愛之處，何不繼續挖掘尋找，接受自己現在的模樣。我們已經很棒了，有慢慢地進步，不去比較，睡一場好覺，這才是最重要的生活目標。

我們活著，不用豐功偉業，也不用完好無缺，那些缺角總會有人幫忙填補起來，也有些麻煩是可以信手拈來自己解決。對於生活，我們可以做到不卑不亢的從容，不慌不忙的堅強。

在跌跌撞撞的日子裡，我們容易看見別人所擁有的，而注意自己缺少的。於是拚命地追逐過於遙遠的東西，然後把自己弄得狼狽不堪，進而一點一點丟失了原本該有的模樣。這樣的你，無法說服自己，自然無法驕傲地告訴別人，現在過得很好。因為有太多太多的空缺沒有填補，也有太多太多的選擇沒有選對。

我們似乎習慣把自己裝在一種預設的框架裡，再想方設法填滿那既定的框架，彷彿唯有這樣才能被認可、才能獲得幸福。如果在這條蜿蜒不平的路途上，已經承擔了許多難以避免的艱辛與傷心，我們又何苦為難自己，把生活全都塞進一個不像自己的框架裡。在想要慢下來的時候就緩緩散步，在想要遠離人群的時候就一個人過好，在想要留白的時候不必非得填滿，只要能真切地喜歡現在的自己，什麼樣的日子都不算虛度。

「最寶貴的是生命，最重要的是家人，最美好的是學習，最愉快的是友誼。」這是朋友分享給我的一段話，是啊，只要能擁有這些就是幸福生活了。你並不是一部機器，而是一個有著豐富思想的人，難免會感覺有些需求沒得到滿足，而你只是需要有意義的價值觀，不是擁有金錢與權力就會得到快樂的那種價值觀。**好好生活已別具意義了，做些喜歡的事情，找到安全感，能幫助到別人，擁有被人尊重的感覺，這就是我們真正需要的。**

日子過得平靜而有餘裕，更能體會何謂活著。即使生活中有著各種忙碌與煩惱，也會記得留出時間與空間給自己、給愛自己的人，這就是餘裕。有了餘裕，我們才會懂得體會日常中的小確幸，才懂得欣賞身邊尋常的人事物，在生存的夾縫中找到容易忽略的愉悅心情。

人生想要更快樂一點，試著讓自己能做的與喜歡做的事靠近一點，但願我們都能為正在做的事感到開心。

如果想要改變往後的命運，或許要先有決心改變自己。總是要先盡力改善過，再來怪罪命運吧？

平凡就好，然後慢慢變好

作　　者　阿飛 A-fei
責任編輯　鄭世佳 Josephine Cheng
責任行銷　鄧雅云 Elsa Deng
封面裝幀　莊謹銘 Chris Chuang
版面構成　譚思敏 Emma Tan
校　　對　葉怡慧 Carol Yeh

發 行 人　林隆奮 Frank Lin
社　　長　蘇國林 Green Su

總 編 輯　葉怡慧 Carol Yeh
主　　編　鄭世佳 Josephine Cheng
行銷主任　朱韻淑 Vina Ju
業務處長　吳宗庭 Tim Wu
業務主任　蘇倍生 Benson Su
業務專員　鍾依娟 Irina Chung
業務秘書　陳曉琪 Angel Chen
　　　　　莊皓雯 Gia Chuang

發行公司　精誠資訊股份有限公司
　　　　　悅知文化
地　　址　105台北市松山區復興北路99號12樓
專　　線　(02) 2719-8811
傳　　真　(02) 2719-7980
網　　址　http://www.delightpress.com.tw
客服信箱　cs@delightpress.com.tw

ＩＳＢＮ　978-986-510-249-4
建議售價　新台幣380元
首版一刷　2022年11月
　六刷　　2024年10月

國家圖書館出版品預行編目資料

平凡就好，然後慢慢變好／阿飛著. -- 初版. -- 臺北市：精誠資訊股份有限公司，2022.11
面；　公分
ISBN 978-986-510-249-4（平裝）
1.CST：自我實現　2.CST：生活指導　3.CST：成功法
177.2　　　　111017054

建議分類｜心理勵志

悅知文化 Delight Press

線上讀者問卷 TAKE OUR ONLINE READER SURVEY

人生未必要有一個正確答案，也不會只有一條路，出發後自然會抵達自己能力所及的地方。

——《平凡就好，然後慢慢變好》

請拿出手機掃描以下QRcode或輸入以下網址，即可連結讀者問卷。
關於這本書的任何閱讀心得或建議，
歡迎與我們分享 :)

https://bit.ly/3ioQ55B